Michael Zirwik

Studien

über die in den Epen des Homer vorkommenden Nominalstämme auf -- i und -- v

Michael Zirwik

Studien
über die in den Epen des Homer vorkommenden Nominalstämme auf -- i und -- v

ISBN/EAN: 9783743423213

Hergestellt in Europa, USA, Kanada, Australien, Japan

Cover: Foto ©Thomas Meinert / pixelio.de

Manufactured and distributed by brebook publishing software (www.brebook.com)

Michael Zirwik

Studien

Sechsundzwanzigster Ausweis
(Programm)

des

fürsterzbischöflichen

Collegium Borromäum

zu

Salzburg

am Schlusse des Schuljahres

1875.

Inhalt:

I. Studien über die in den Epen des Homer vorkommenden Nominalstämme auf —ι und —υ von P. Michael Zirwik.
II. Schul- und Instituts-Nachrichten vom Director und Regens.

Salzburg, 1875.
Im Verlage des Collegium Borromäum.
Zaunrith'sche Buchdruckerei.

Studien

über die

in den Epen des Homer vorkommenden Nominalstämme

auf —ι und —υ.

Einleitung.

Zu den Stämmen auf —ι gehören nicht nur diejenigen, welche bei Homer im Genitiv —ιος, d. i. ι—ος, sondern auch jene, welche —ιδος haben, wie es sich schon aus dem Schwanken einiger Formen zwischen —ιος (—εως) und —ιδος ergibt. Da nun Curtius in den Grundzügen der griechischen Etymologie (3. Auflage, Seite 551—624) auf eine ebenso klare als erschöpfende Weise die Verwandlungen des Jota behandelt, und besonders S. 583—586 die Femininstämme auf —ι und —ιδ so eingehend besprochen hat, liegt es wohl ausser allem Zweifel, dass die Stämme auf —ιδ bei der gegenwärtigen Untersuchung hätten behandelt werden sollen.

Doch da die Zeit drängte[1]) und fast die ganze Ilias untersucht war, als die Nothwendigkeit der Ausdehnung dieser Untersuchungen auch auf die Stämme auf —ιδ sich nur zu klar zeigte, so muss eben mit Bedauern bemerkt werden, dass dieses nicht mehr in vollem Masse geschehen konnte.

Zu den Stämmen auf —υ gehören, oder wenigstens sind mit ihnen sehr nahe verwandt, die Stämme auf —αυ, —ευ, —ου. Die betreffenden Wörter zugleich zu untersuchen, hätte manchen Vortheil geboten, und manche sonderbare Casusformen wären dadurch in's rechte Licht gestellt worden. Doch da es Stämme auf —αυ nur zwei gibt ναυ und γραυ, Nom. ναῦς und γραῦς, die in

Homer ziemlich zahlreich vorkommen; weil die im Attischen so zahlreichen Stämme auf —ευ in Homer fast nur als Eigennamen auftreten; weil es auf —ου nur den Stamm βου Nom. βοῦς gibt: so wurde die specielle Untersuchung dieser Stämme absichtlich weggelassen, und es wird an gehörigem Orte darüber gesprochen werden, wo es zur Aufhellung mancher sonst schwer zu erklärenden Casusformen nothwendig erscheinen wird.

Schliesslich wurden alle Eigennamen übergangen, weil aus den zu Gebote stehenden Büchern wenig Rathes zu holen war.[2])

In der gegenwärtigen Arbeit wird nun gehandelt werden:
Erstens: Von der Declination.
Zweitens: Möglichst genaue Angabe der Etymologien mit Besprechung der Bildungssuffixe.

Als Anhang folgen:
Erstens: Ein alphabetisches Verzeichniss der untersuchten Wörter mit Angabe aller Stellen der Ilias und der Odyssee.
Zweitens: Ein alphabetisches Wortregister.

I. Capitel.

Die Declination der Substantive und Adjective auf ι.

Nom. Sing. Das Zeichen des Nom. Sing. ist —ς.[3]) Dieses wird einfach an den Stamm gehängt, nachdem das Jota zum Vocal erweicht worden ist.

Neutra auf —ι gibt es bei Homer weder bei den Substantiven, noch bei den Adjectiven, welch' letztere daher ohne Weiteres dem Verzeichnisse der ihrer Form nach weiblichen, ihrer Bedeutung nach auch zuweilen männlichen Substantive beigefügt werden.

ἄκοιτις; ἀνάβλησις; ἄνυσις; ἄροσις; βούβρωστις; βρῶσις; γένεσις; δόσις; δύναμις; ἔκθασις; ἐπίσχεσις; κόνις; μάντις; μῆνις; μῆτις; μνῆστις; νέμεσις; ξύνεσις; ὄϊς; πάρδαλις; παλίωξις; παραίφασις; (πάρφασις); παράκοιτις; πόλις (πτόλις); πόσις m. Gatte; πόσις f. Getränke; πρῆξις; ὕβρις; ὑπάλυξις; ὑπόσχεσις; φάτις; φῆμις; χύσις.

Adject. ἄιδρις; δολόμητις; ἴδρις; πολύϊδρις; πολύμητις; χρυσόρραπις.

Genit. Sing. Die Casusendung ist —ος. [4]) Vor diesem und allen vocalisch anlautenden Casussuffixen kann zweierlei geschehen: entweder bleibt Jota Consonant, und dann hat es ein ε vor sich: z. B. Stamm πολι— (πολյ—). Gen. πολεյ—ος, was durch Verschmelzung des εյ zu η die Form πόληος gibt: oder das Jota verliert sein ε und wird selbst Vocal, also πολι—ος. Von πόληος unterscheidet sich die attische, bei Homer noch nicht vorkommende, Form πόλεως nur durch Umspringen der Quantität der schliessenden E- und O-Laute. Man vergleiche auch Μενέλαος und Μενέλεως.

Dieses Umspringen der Quantität konnte den einmal festgestellten Accent von der Antepenultima nicht mehr verdrängen, obwohl er jetzt der letzten langen Silbe wegen fehlerhaft zu sein scheint.

Die Belege für den Gen. Sing. sind:

κόνιος; κτήσιος; λύσιος; μάντιος; μήνιος; ὄϊος u. οἰός; ὀνήσιος; πόλιος (πτόλιος); πορδάλιος; πόσιος des Gatten; πόσιος des Getränkes; ῥήσιος; τρόπιος; ὕβριος.

Adject. πολυμήτιος.

—ηος nur πόληος und μάντηος, welch letztere Form aber von den meisten älteren Herausgebern nur als μάντιος wiedergegeben wurde.

Dat. Sing. Die Endung ist —ι. [5]) Von diesem —ι gilt, was über —ος des Gen. gesagt wurde, d. h. Jota bleibt Consonant mit vorhergehendem ε, woraus η wird, oder das ε verschwindet, und die Endung —ι tritt an den Stamm, wobei dann immer die zwei ι in ῑ contrahirt werden. Wir müssen also zwei Formen für diesen Casus erwarten πόληϊ und πόλῑ aus πολιΐ. Aber schon bei Homer tritt eine dritte Form auf: πόλεϊ (πόλει). Wie lässt sich diese Form erklären? Es gibt zwei Wege, auf welchen man von πολεյ—ι zu πόλεϊ (πόλει) gelangt. Erstens einfacher Wegfall des յ, nachdem man das graphische Zeichen für den Consonanten Jota verworfen hatte. Aber mir scheint es, dass πόλεϊ (πόλει) aus πολεյ—ι durch die Mittelstufe πόληϊ entstanden sei, durch einfaches Umspringen der Quantität. πόληϊ zu πόλεϊ wie πόληος zu πόλεως, und βασιλῆ—ῐ zu βασιλέ—ῑ. Das wurde später verkürzt πόλε—ῐ und dann oft mit ε in einen Diphthong zusammengezogen.

Die Belege für den Dat. Sing. sind:

ἀγύρει; δυνάμει; ὄψει; πόλει (πτόλει); πόσει m. ὕβρει; Adject. ἀϊδρεῖ.

—ιι = ῖ : μῄτῖ; παρακοίτῖ; κόνῖ; πόλῖ wie Bekker statt πόλει schreibt; δυνάμῖ Bekker.
—ῃι nur πόληϊ.

Accus. Sing. Das Zeichen dieses Casus ist —ν.[6]) Vor diesem —ν nimmt das Jota nie sein ε, sondern wird immer Vocal.

Die Belege sind:
ἄγυριν; ἄγρωσιν; ἄκοιτιν; ἄκνησιν; ἀκρόπολιν; ἄνυσιν; βόσιν; βρῶσιν; γένεσιν; δῆριν; δμῆσιν; δόσιν; δύναμιν; ἔκλησιν; ἔπαλξιν; ἐπίκλησιν; κίθαριν; κόνιν; κῖσιν; κύστιν; λύσιν; μάντιν; μῆνιν; μῆτιν; νέμεσιν; ὄϊν; ὁμήγυριν; ὄφιν; ὄψιν; παράκοιτιν; πόλιν; πόσιν m.; πόσιν f.: πρῆξιν, πρόβασιν; πρόφασιν; ῥάχιν; σκέδασιν; τρόπιν; ὕβριν; ὑπάλυξιν; ὑπόσχεσιν; φάτιν; φῆμιν; φύξιν; φρόνιν; φύσιν; χύσιν.

Adject. δολόμητιν; ἑκατόμπολιν; ἥνιν; πολύϊδριν; φύξηλιν.

Voc. Sing. Er wird durch den reinen Stamm dargestellt.[7]) Belege: μάντι; χρυσόρραπι und ἐρυσίπτολι.

Nom. Plur. Sein Zeichen ist ες.[8]) Da dieses Casussuffix mit Vocal beginnt, so gilt von ihm, was bei —ος und —ι gesagt wurde, und wir werden also zwei Formen erwarten können: πόληες aus πολεϳ—ες und πόλι—ες aus πολϳ—ες.

Wie sind nun die nachhomerischen Formen auf —εες und εις zu erklären? Während wir beim Dat. Sing. uns gegen den Ausfall des j sträubten und lieber das Umspringen der Quantität annahmen, müssen wir hier dem Ausfall des j entschieden das Wort reden, da im Plur. auch βασιλευ (βασιλεϝ) gewöhnlich ohne Ersatzdehnung bleibt. βασιλεϝ—ες in βασιλέες, während βασιλεϝος entweder βασιλῆος oder βασιλέως wird. Aber weder —εες noch —εις kommt bei diesen Stämmen in Homer vor. Im Attischen hingegen ist ηες ganz verschwunden; —ιες nur noch beim Stamme ἰδρι (ἴδριες geblieben.

Die Belege sind:
ἐπάλξιες; ὄϊες; πόλιες; πύριες; σίντιες.

Adject.: ἴδριες; νήστιες.

—ηες hat nur der Stamm πολι (πόληες).

Gen. Plur. Das Zeichen dieses Casus ist —ων.[9]) Die einzigen Belege sind: οἴων und οἰῶν; πολίων; πορδαλίων.

Es scheint also, als ob vor dem ω dieser Endung das Jota nie sich als Consonant erhalten hätte, und doch zwingt uns die attische Form πόλεων ein früheres πολιϳων; πολεϳων anzunehmen. Hier fö. 'te der Accent der Analogie des Sing. πόλεως, wo die Sprache bereits das Bewusstsein der Entstehung der Lautgruppe εω verloren hatte; in πόλεως aus πόληος erklärte sich der Accent noch leicht, in πόλεων aus πόληων aber nicht mehr anders als durch Analogie.

Dat. Plur. Die Endung des Dat. ist consonantisch, entweder —σσι oder — σι; aber es tritt ein Bindevocal ε [10]) vor dasselbe, welcher dann die gleiche Wirkung auf das Stamm-Jota ausübt, wie —ος, —ι, —ες, —ων, nämlich dasselbe zu einem Vocale erweicht. So entstand aus πολj—σσι durch Einschiebung des ε πολj—ε—σσι, durch weitere Erweichung des Jota zum Vocal πολί—ε—σσι. Das Jota konnte aber auch ausfallen, wie uns ὄ—ε—σσι neben οἴ—ε—σσι beweist. Durch Ausfall des Jota lässt sich auch ἐπάλξεσι aus ἐπάλξj—εσι erklären. Denn für derartige Substantive zwei Stämme annehmen, πολι und πολε, kann nur derjenige, welcher von der Sprachwissenschaft durchaus nichts wissen will.

Die Belege sind:

πολίεσσι; οἴεσσι, ὄεσσι, οἴεσι, und ἐπάλξεσι.

Accus. Plur. [11]) Die volle Endung wäre ams, d. i. am+s; am (Accus. Sing.) +s bedeutet den Plural. Im Griechischen konnte aber αμ nicht bleiben, es musste zu αν werden. Im Plur. hätten wir nun ανς, eine vocalisch anlautende Casusendung. Somit können wir nach Analogie der übrigen Casus erwarten πολj—ανς, d. i. πόλιανς und πολεj—ανς, das zu πόληανς werden müsste. νς ist aber nach griechischen Lautgesetzen unerträglich; desswegen fällt das ν aus, aber ohne Ersatzdehnung zu hinterlassen, und wir haben die Formen πόλιας und πόλῃας. Aber ausser diesen beiden Formen hat Homer noch zwei andere, eine auf —ῖς, und die andere auf —εις. Aus οιανς hätte οἶας werden müssen, wie πόλιας aus πόλιανς. Aber hier fiel vor der vollen Endung ανς nicht zuerst das ν, sondern das α weg, und wir haben dann ὄϋνς; das nach den Lautgesetzen verdrängte ν verlängerte eben das ἰ in ῖ, gleichwie aus τόνς und τάνς—τούς und τάς wird.

Schwierigkeit bietet also die vierte Form ἐπάλξεις, die im Buche M vorkommt. Und wenn es erlaubt wäre, aus schwierigen und dazu ganz vereinzelten Casusformen auf das Machwerk eines Nachdichters oder Rhapsoden zu schliessen, so würde ich unbedingt für die Streichung jener Verse sprechen, wo die Form ἐπάλξεις vorkommt (*Il* 263—430.) Dadurch würde auch einer der Widersprüche beseitigt werden, nämlich die hier bereits gemeldete Zerstörung der Schutzmauer der Griechen, die nach andern Stellen erst, nach Beendigung des Krieges durch Apollo und Poseidon vollzogen wird. Da wir es aber hier nicht mit der Kritik des homerischen Textes, sondern mit der Erklärung seiner grammatischen Formen zu thun haben, so wollen wir denn eine Erklärung versuchen.

Manche Grammatiker erklären den Acc. Plur. auf εις als Analogie des Nom. Plur. Das geht bei Homer wenigstens nicht an, weil er keine Nom. Plur. auf εις kannte. Und es ist doch undenkbar, dass die Wirkung (εις als Acc. Plur.) früher sein sollte als ihre Ursache (Nom. Plur.).

εις aber aus *(εjας)* εας zu erklären, trage ich sehr Bedenken, da in Homer keine einzige Contraction ει aus εα zu erweisen sein dürfte.

Es erübrigt also nur mehr, auf die ursprünglichste Casusform πολεj—ανς zurückzugehen. Ich sage die „ursprünglichste", und folge hierin Bopp, der in seiner Skr. Grammatik §. 203 erklärt, dass bei Wörtern, deren Casus aus verschiedenen Stämmen gebildet werden, die vollere Form des Stammes die ursprünglichere sei. Also ist die ursprünglichste Form hier πολεj und nicht πολι. Von der Form πολεj—ανς gelangen wir nun auf zweierlei Wegen zu πόλεις. Entweder nehmen wir wie in οίας blossen Ausfall des α an, so muss sich Jota zum Vocal erweichen, und wir haben πολει—νς. Fällt nun nach dem Lautgesetze das ν aus, so sind wir ja schon bei πόλεις. Aber wir könnten auch Ausfall des j annehmen, wie in ὅ—εσσι, und wir hätten πολεας. Nach Ausfall des α bleibt πόλενς, und hier nun würde (wie bei εἴς aus ἐν—ς) ebenfalls πόλεις werden. Ich entscheide mich für πολεj—ανς, πολεj—νς, πολεινς, πόλεις.

Die Belege sind:

—ιας; πύλιας; πόσιας m. σίντιας.
Adject. νήστιας.
—ηας nur: πόληας.
—ῖς: ἀκοίτῖς, οἷς.
—εις nur: ἐπάλξεις.

Voc. Plur. kommt nicht vor, müsste übrigens dem Nom. Plur. gleich sein.

Allgemeine Bemerkungen zu den Stämmen auf —ι.

Das in allen indogermanischen Sprachen so häufig zur Bildung von Substantiven gen. fem. verwendete Suffix wäre eigentlich ein langes ī. Curt. 583—580. (Vgl. jedoch die Bildung des Femininums˙ aus den Stämmen auf ι.) Dieses lange ī zerdehnt sich im Sanskrit zu ij; z. B. bhî die Furcht, Gen. bhij —as a. a. O. Der Stellvertreter dieser Lautgruppe im Griechischen ist δj, noch später blosses δ. Die Form Θέτιδος wäre also zurückzuführen auf Θετιδjος, und auf die noch ältere Form Θετιjος. Diese Auflösung des Jota hat aber nach dem Vorgange des Sanskrit und nach den in diesen Untersuchungen bereits erklärten Formen nur dann statt, wenn ein Vocal auf j folgt. Darum finden wir ungeachtet ἔριδος doch ἔρι--ν eben so gut wie πόλι—ν, und ἔρι—ς wie πόλι—ς, weil ν und ς Consonanten sind. Vor Vocalen aber konnte bei Homer das j ebenfalls Vocal werden, daher πόλιος, πόλī (πολι—ι), πόλιες, πόλιων, πολί—εσσι, πόλι—ας. Aber wir finden die Zerdehnung auch oft. πόληος, πόληϊ, πόλη—ες, πόλη—ας aus πολεj—ος, πολεj—ι, πολεj—ες, πολεj—ας. πόλῆϊ und πόληας sind freilich ἅπαξ εἰρημένα. Ebenso kommt aber auch die andere Zerdehnung vor, nämlich in ιj,·ιδj, ιδ. (Die Belege fehlen mir aus dem in der Einleitung angeführten Grunde.) Beide Erscheinungen leiten auf die gleiche Grundform zurück. Wie uns im Skr. der Vocativ pate, d. i. patai (pataj) zeigt, ist das Thema nicht pati gr. ποσι, sondern patai. Dieses dem j voranstehende a tritt aber nicht immer in ungeschwächter Kraft auf, sondern oft als i. Stellvertreter des ungeschwächten a ist im Griech. ε, darum πολεj—ος ursprüngliche Form.

Stellvertreter des geschwächten aj, d. i. des ij, ist im Griech. die Lautgruppe ιδj, später ιδ. Die Stämme Θετι, Παρι unterscheiden sich demnach von πολι dadurch, dass im letztern das ursprüngliche, ungeschwächte a der indogermanischen Muttersprache mit seinem regelrechten Stellvertreter ε auftreten kann, während Θετι und Παρι schon die geschwächte Form von der Muttersprache überkamen. Sie sind aber in der frühern Zeit darin gleich, dass sie alle auch vor Vocalen ihr j zu i abschwächen können, daher πολι—ος ebenso gut wie Θέτιος, Πάριος; dagegen aber πόληος, πολεj—ος gegenüber Θέτιδος, Πάριδος (Θετιδjος, Παριδjος, noch früher Θετιj—ος, Παριj—ος).

Darstellung der Declinationen.

Singular.
Nom. πόλι—ς.
Gen. (πολεj—ος) πόλης; πόλι—ος.
Dat. (πολεj—ι) πόληϊ, πόλεϊ, πόλει; πόλι—ι = πόλῖ.
Acc. πόλι—ν.
Voc. μάντι.

Plural.
Nom. (πολεj—ες) πόληες; πόλι—ες.
Gen. πολί—ων.
Dat. πολί—εσσι; ö—ε—σσι; οἴ—ε—σι.
Acc. (πολεj—ας) πόληας.
πόλι—ας.
(οἴ—ανς, ὄι—νς) ὄῖς.
(ἐπαλξεj—ανς, ἐπαλξεινς) ἐπάλξεις.

Dual kommt bei diesen Stämmen nicht vor.

II. Capitel.

Die Substantiv- und Adjectivstämme auf —ι. [13])

Hier ist vorerst eine Scheidung zu treffen zwischen den Substantiven und Adjectiven, theils wegen der Variation in der Declination, besonders aber, weil beim Adjectiv alle drei Genera aufzuführen sind.

A. Substantivstämme auf —ι. [14])

Auch diese müssen wieder von den Neutris geschieden werden, und es lassen sich dann die Masc.- und Fem.-Stämme so abtheilen:
a) Einsilbige,
b) Oxytona,
c) Barytona, und zwar:
    α. welche das ι behalten,
    β. welche es nach Analogie der Stämme auf —ι scheinbar durch ε ersetzen.
d) Neutra.

Nom. Sing. Das Zeichen des Nom. —ς wird an den Stamm gehängt, nachdem das Vau zum Vocal erweicht ist. Die einsilbigen verlängern hier ihren Vocal, und bekommen dann den Circumflex, obwohl dieser Accent nur dann auf der letzten Silbe steht, wenn in einem Paroxytonon die zwei letzten Silben zusammengezogen werden. z. B. τάων ‒ τῶν; τά—ις = ταῖς; aber τούς, τάς, weil aus τονς, τανς.

Die Oxytona verlängern ebenfalls das υ vor dem —ς des Nom.
Die Barytona hängen das —ς an das kürzere —υ an.
Die Neutra haben den Stamm als Nom. Acc. Voc.
Die Belege sind:
a) σῦς und δρῦς, Stämme συ und δρυ.
b) ἀχλύς; βοητύς; ἐλεητύς; ἐρινύς; ἰχθύς; κιθαριστύς; ὀαριστύς; οἴζύς; ὀτρυντύς; πληθύς.
c) α. γῆρυς, θρῆνυς; ἴτυς; κῖκυς; νέκυς;
   β. πέλεκυς.
d) ἄστυ; δάκρυ; μέθυ; πῶυ.

Gen. Sing. [15]) Die Einsilbigen hängen die Silbe —ος an den unverlängerten Stamm und werfen nach dem Gesetze der einsilbigen Wörter der consonantischen Declination in den Genitiven und Dativen aller Zahlen den Accent auf die Casusendung.

Die Oxytona hängen die Silbe —ος an den reinen Stamm.

Das Barytonon νέκυς behält das υ bei, während πέλεκυς, wenn der Gen. Sing. vorkäme, πελέκεος haben würde.

Das Neutr. ἄστυ hat ἄστεος aus ursprünglichem ἀστεϝ—ος. ϝ fällt hier spurlos aus. Vergl. dagegen βασιλῆ—ος, βασιλέ—ως und πόληος, πόλεως.

a) δρυ—ός; συ—ός.
b) ἀχλύ—ος; δαιτύ—ος; ἐδητύ—ος; ἐπητύ—ος; ἰλύ—ος; μνηστύ—ος; νηδύ—ος; οἰζύ—ος; ὀφρύ—ος; πληθύ—ος; ῥυστακτύ—ος; τανυστύ—ος.
c) νέκυ—ος.
d) ἄστε—ος (ἄστεϝ—ος).

Dativ Sing. [16])
a) Die Einsilbigen hängen das —ι in gleicher Weise wie das —ος des Gen. an den Stamm.
b) die Oxytona contrahiren das —ι mit dem —υ des Stammes zu υῖ.
c) die zu a) gehörigen können auch contrahiren, die zu b) gehörigen aber werfen das ϝ spurlos aus, und die Contraction kann eintreten oder unterbleiben.

d) das Neutrum ἄστυ folgt ganz den unter c β) angeführten.
Belege sind:
    a) δρυ—ί; συ—ί.
    b) ἰξυῖ; ὄϊζυῖ; ὀρχηστυῖ;
       πληθυῖ.
    c) α. θρήνυι.
       β. πήχει.
    d) ἀστεϊ.

Accusat. Sing. [17]) Vom —ν gilt das gleiche, was über —ς gesagt worden ist.
Belege:
    a) σῦ—ν; ἴν.
    b) ἀγορητύ—ν; ἀκοντιστύ—ν;
       ἀλαωτύ—ν; ἀχλύ—ν;
       βρωτύ—ν; ἐλεητύ—ν;
       ἰχθύ—ν; κλιτύν, μνηστύν;
       νηδύ—ν; ὀαριστύ—ν;
       ὄϊζύ—ν; ὀρχηστύ—ν; πληθύ—ν.
    c) sowohl α als β: θρῆνυν.
       πῆχυν, πέλεκυν.
    d) wie Nom.

Vocativ Sing. kommt nicht vor. Vom Dual[18]) kommt nur die Form für Nom. Acc. Voc. an dem einzigen Stamme .πηχυ vor. πήχεε aus πηχεϝ—ε. Ausserdem noch εὐρέε, ταχέε, wovon bei den Adjectiven gesprochen werden wird.

Nom. Plur.[19]) Die Endung —ες folgt der Analogie von —ος, —ι. Die Belege sind:
    a) δρύ—ες; σύ—ες; ἵ—ες.
    b) ἐρινύες; ἰχθύες.
    c) α. βότρυ—ες; ἐγχέλυ—ες; νέκυ—ες.
       β. kommt nicht vor.
    d) ἄστεα; πώεα für den Nom. Acc. aus ἀστεϝ—α· πώεϝ—α.

Gen. Plur.[20]) Von der Silbe —ων gilt das gleiche, was von —ος, —ι, —ες bereits bemerkt worden ist.
Belege dieses Casus sind sehr wenige:
    a) συ—ῶν; ἰ—ῶν.
    b) Nichts.
    c) α. γενύων; νεκύ—ων.
       β. πελέκεων.

Dat. Plur.[21]) Auch hier ist die Endung bald —σσι, bald —σι. Der Bindevocal ε kann stehen, aber auch fehlen.
 a) σύ—ε—σσι; ὗ—ε—σσι; aber auch δρύ—σί; συσί.
 b) ἐρινύ—σι; ἰχϑύ—σι; ὀφρύ—σι.
 c) α. ἀσταχύ—ε—σσι; σταχύ—ε—σσι; νεκύ—ε—σσι; aber auch νέκυ—σσι; πίτυ—σσι; γένυσσι.
  β. πελέκεσσι.
 d) nur πώεσι.
Ueber πελέκεσσι und πώεσι wird beim Dat. Plur. der Adjective gesprochen werden.
Accus. Plur.[22]) Auch hier, wie bei den Stämmen auf —ι, ist die ursprüngliche Endung bald —ας, bald —νς verwendet worden. und zwar an einem und demselben Stamme sogar, je nachdem es das Metrum erforderte. Der Circumflex in σῦς, ἰχϑῦς aus σύνς, ἰχϑύνς ist hier ebenso unregelmässig wie im Nom. Sing. δρῦς, σῦς. Nur könnte man hier sagen, dass die Nebenformen σύας und ἰχϑύας theilweise ein Recht geben, den Circumflex zu wählen, da hier wirklich ursprünglich zwei Silben bestanden, deren erste den Hauptton, die zweite den Nebenton hatte, woraus das Zeichen ´, d. i. ˜ entstehen konnte. Aber an eine Contraction des υα in ῦ ist auch hier nicht zu denken.
Belege sind:
 für —νς:
 a) δρῦς; σῦς.
 b) γραπτῦς; ἐρινῦς; ἰχϑῦς; κλιτῦς; ὀφρῦς.
 c) und zwar α. γένυς, νέκυς.
 für ας:
 a) σύας; ὗας.
 b) ἐρινύας; ἰχϑύας; ὀφρύας.
 c) und zwar α. νέκυας.
  β. πελέκεας (πελεκεϝ—ας).

B. Adjectiv-Stämme.

Die einfachen Adjective[23]) sind Oxytona, mit Ausnahme von ἥμισυς. Die zusammengesetzten ziehen nach dem Gesetze der Composita den Accent so weit als möglich zurück.
Die Declination der Adjective unterscheidet sich von der der Substantive dadurch, dass das, was dort nur selten vorkommt (das Auftreten des ε vor ν bei vocalisch beginnenden Endungen), hier

Regel ist. Ja im Acc. Sing., wo doch das Bewusstsein der ursprünglich vocalisch anlautenden Endung *am*, gr. αν, schon längst entschwunden war, hat sich bei Homer beim Stamme εὐρυ (ευ'ρεϝ) sogar das sonst nur den rein consonantisch auslautenden Stämmen gebührende α (statt αν) erhalten. εὐρέϝ—α = εὐρέα. Dieser Casus also, wie alle übrigen, die eine vocalisch anlautende Endung haben, spielen in die Declination der Stämme auf —ευ hinüber, mit denen sie wohl ganz gewiss ursprünglich identisch waren. Der Unterschied liegt nur darin, dass die Stämme auf —ευ im Singular den Ausfall des ϝ durch Dehnung entweder des vorhergehenden βασιλῆ—ος oder des nachfolgenden Vocales βασιλέως ersetzen, was bei unsern Stämmen nicht geschieht, εὐρέος. Im Adjectiv auf —υ hat sich also die ursprüngliche Form mehr erhalten, als im Substantiv.

Wir beginnen die Darstellung der Declination mit dem Masc. Neutr., und führen nach dem Nom. Sing. des Masc. die gemeinsame Form des Nom. Acc. Neutr. auf, wie wir es auch bei den Substantiven gethan haben.

Nom. Sing. Masc. Das Zeichen des Nom. —ς wird an das vocalisirte Vau gehängt.

Die Belege sind:

αἰπύς, βαθύς, βραδύς, γλυκύς, εὐρύς; ἡδύς, ἥτις und εἷς, θῆλυς, κρατύς, λιγύς, ὀξύς, παχύς, πολύς, und πουλύς, ταχύς, τρηχύς, ὠκύς.

Composita: ἄ—κικυς, πολύδακρυς.

Nom. Acc. des Neutrums. Dieser wird durch den reinen Stamm dargestellt.

Die Belege sind:

αἰπύ, βαθύ, βαρύ, γλυκύ, δασύ, δριμύ, εὐρύ,; ἡδύ, ἥτι und ἔυ; ἥμισυ, μῶλυ, ὀξύ, παχύ, πολύ und πουλύ, ταχύ, ὠκύ.

Gen. Sing. des Masc. und Neutr.[24]) Die Endung —ος tritt an den vollen Stamm —εϝ an, das ϝ fällt aus, ohne Ersatzdehnung zu hinterlassen.

Die Belege sind:

εὐρέ—ος, ἡδέος, παχέος, πλατέος, πολέος und ἔηος.

Letztere Form, die dreimal in Homer vorkommt, ist sehr interessant. Der indogermanische Stamm ist as—u, griech. εσ—υ. Das σ fiel nach griech. Lautgesetze aus, und entweder ohne Ersatz, somit ἔυ, oder mit Ersatz, dann ἠύ.

Die volle Form des Gen. wäre demnach ἐσ—εϝ—ος. Nach dem Ausfall des σ bleibt ἐ—εϝ—ος und εϝ wird hier zu η wie in βασιλῆος aus βασιλεϝ—ος, und wie εj zu η wurde, in πόληος aus πολεj—ος.

Diese Casusform ἑῆος bestärkt unsere Vermuthung über die ursprüngliche Identität der Stämme auf —ευ und der auf —υ.

Dativ Sing. ²⁵) Die Endung —ι bewirkt gleich dem —ος den spurlosen Ausfall des ϝ, und das so entstandene ε—ϊ kann nach Belieben contrahirt werden.

Die Belege sind:

ἀϊδρεϊ, εὐρέϊ, ἡδέϊ, ὀξέϊ, ὠκέϊ; aber auch πλατεῖ.

Accus. Sing. Masc. ²⁶) Mit Ausnahme des Stammes ευρυ, der eine doppelte Form für diesen Casus besitzt, ist die ursprüngliche Endung „αμ" hier überall ν, vor welchem das ε wegfällt und ϝ zu υ erweicht wird.

Die Belege sind:

αἰτύν, βαθύν, βαρύν, γλυκύν, εὐρύν, ἡδύν, ἤυν, θῆλυν, θρασύν, ἰθύν, λιγύν, ὀξύν, παχύν, πλατύν, πολύν und πουλύν, ταχύν, τρηχύν, ὠκύν.

Neben εὐρύν kommt sehr häufig auch ε ὐ ρ έ α = εὐρέϝ—α vor.

Composita: μελίγηρυν, πολύδακρυν.

Voc. Sing. kommt nicht vor.

Vom **Dual** finden sich nur zwei Belege für den Nom. Accus., nämlich εὐρέε, ταχέε, statt εὐρέϝ—ε, ταχέϝ—ε. ²⁷)

Nom. Plur. ²⁸) Die Endung —ες bringt die gleichen Erscheinungen hervor, wie —ος, —ι, —α des Singulars. Nur ist hier zu bemerken, dass auch die Stämme auf —ευ das ausfallende ϝ gewöhnlich nicht mehr ersetzen. βασιλέϝ—ες βασιλέες, aber auch βασιλῆες.

Unsere Stämme thun dieses nie.

Die Belege sind:

βραδέες, εὐρέες, θαμέες, ὀξέες, πολέες, ταρφέες, ταχέες, ὠκέες.

Compositum: ἐννεαπήχεες.

Als contrahirte Form bietet Homer nur πολεῖς neben πολέες.

Nom. Acc. des Neutrums. ²⁹) Die Endung ist —α; das ϝ fällt aus. βαθεϝ—α = βαθέα.

Die Belege sind:

βαθέα, βαρέα, εὐρέα, ὀξέα, ταρφέα.

Gen. Plur.[30]) Aus den einzigen zwei Belegen (πολέων und ἡμίσεων) sehen wir, dass das —ων dieses Casus ebenfalls an den vollen Stamm trat, wobei das ϝ geschwunden ist. Der Accent in ἡμίσεων könnte eigentlich nicht stehen. Aber er bildete sich nach Analogie des πόλεων, das ungeachtet seines ursprünglichen ω der letzten Silbe sich nach πόλεως richtete, welches aus πόληος entstanden war. Vielleicht gab es zur Zeit der Entstehung der homerischen Gesänge eine in den Gesängen selbst nicht vorkommende Form des Gen. Sing. ἡμίσεως aus ἡμίσηος, d. i. ἡμισεϝ—ος, welche dann massgebend wurde für ἡμίσεων.

Dat. Plur.[31]) Auch hier, wie bei den Substantiven, treffen wir bald die vollere Form —σσι, bald die einfachere —σι, und zwar ursprünglich immer mit dem Bindevocal ε, welcher das Fortbestehen der volleren Form des Stammes ermöglichte. Später aber fiel dieser Bindevocal auch manchmal aus, immer bei den Substantiven, die unter c β) angeführt sind, sowie auch unter d) πελέκεσσι, πώεσι. Die ursprünglichste Form für den Dat. Plur. wäre also πολέϝ—ε—σσι, welche auch in Homer mit ausgefallenem ϝ oft vorkommt. Das metrische Bedürfniss zwang zur Abwerfung eines der beiden ε, und wir haben die ebenfalls vorkommende Form πολέ—σσι.

Wurde nun statt der volleren Endung —σσι die einfachere —σι verwendet, so hatte man die gleichfalls vorkommende Form πολέσι. So erklären sich denn auch πελέκεσσι und πώεσι leicht. Die Stämme sind πολεκεϝ und πωεϝ. Die vollere Endung —σσι oder die einfachere σι vermittelst des Bindevocals angehängt bewirkt πελεκεϝ—ε—σσι, πωεϝ—ε—σι. Das ϝ fiel aus, und es entstehen die Formen πελεκέεσσι, πωέεσι. Diese Formen kommen aber in Homer nicht vor. Wie aber neben πολέεσσι auch πολέσσι auftritt, so erklären sich auch πελέκεσσι und πώεσι als Verkürzungen. Denn πελέκεϝ—σσι und πώεϝσι kann man nicht voraussetzen, weil vor σ das ϝ immer zu υ wird, wie im Nom. Sing.; aber auch πελεκευσι und πωευσι sind nicht vorauszusetzen.

Accus. Plur.[32]) Das ursprüngliche ams, griech. ανς, ist hier nur durch ᾱς vertreten, und gilt als vocalisch anlautende Endung. erhält also dem Stamme seine volle Form.

Die Belege sind:
εὐρέας, θαμέας, θήλεας, πολέας, ταρφέας, ταχέας, ὠκέας.

Bildung des Femininums aus diesen Stämmen.
Allgemeines.

Das gewöhnliche zur Bildung des Femininums verwendete Suffix ist die Silbe ja, griech. ja, ια. Es dürfte nicht zu viel behauptet sein zu sagen, selbst bei den Stämmen auf a im Skr., wo sich das Fem. vom Masc. nur durch das lange a unterscheidet, sei diese Silbe „ja" im Spiele gewesen, so dass das Fem. nava̅ für nava—ja stünde. Das j wäre ausgefallen, und a+a in a contrahirt, wogegen im Fem. taruni—tarunja das a des Suffixes verloren geht. Vergl. Bopp skr. Gramm. §. 216. i = aja gilt mehr für Substantive, â = aja mehr für Adjective.[33]) Somit würde sich πονηρά, ἀγαϑή von ἡδεῖα (ἡδεϝ—ja) nur durch den entgegengesetzten Weg unterscheiden, den die Silbe ja einschlug, wenn sie mit Vocalen einerseits, mit Consonanten andererseits in Berührung kam. Kehren wir zu unsern Stämmen zurück, die für die vorliegende Bildung als consonantische angesehen werden müssen. Im Griechischen bleibt die Silbe ja ständiges Suffix der Femininbildung. Das a fällt weg bei Substantiven, wie in μην—ι—ς, und somit würden hieher auch die im ersten Capitel behandelten Substantive gehören. Das j der Silbe ja muss aber nach griechischen Lautgesetzen die verschiedenartigsten Umwandlungen erleiden, je nach der Art des vor dasselbe zu stehen kommenden Consonanten. Mit κ wird j zu σσ oder ττ. Φοινικ, Nom. Masc. Φοινικ—ς = Φοῖνιξ; Nom. Fem. Φοινικ—ja zu Φοίνισσα. γλωκja zu γλῶσσα oder γλῶττα die Tönende, vergl. latein. gluc—ire, ital. la ghiocia die Gluckhenne, deutsch gluck—en. κj kann aber auch ξ werden, wie in δοκja = δόξα die gutdünkende Meinung, der Ruf, der Ruhm. δj gibt ζ; z. B. ῥιδja = ῥίζα, die Wurzel, vergl. rad—ix. λj gibt λλ, Σκυλja = Σκύλλα die bellende, heulende, ein Meerungeheuer. Nach Labialen vocalisirt es auch und das a fällt ab, ῥαπ—ι—ς die Schleuder, der Schleuder- = Hirtenstab zu ῥίπ—τω schleudern, werfen.

An die Stämme auf —ες schliesst sich ja consonantisch an.[34]) Zeugniss gibt der Accent, wie in ἀλήϑεσ—ja = ἀλήϑεια. Später wurde freilich j zu ι, denn nur so konnte σ ausfallen. Der Accent aber verharrte auf seiner Stelle, obwohl er graphisch in ἀλήϑεια auf der viertletzten Silbe zu stehen scheint. Durch Diphthongisirung wurde εï zu ει.

Nach den Liquiden ρ und λ blieb j nicht nachgesetzt, sondern zu —ι erweicht, rückt es vor ϱ und ν, wie in μορjα = μοῖρα, Stamm μεϱ, wie in μεϱες, Nom. μέϱος der Theil. Neben πόνος haben wir das Femininum in ποίνη aus πονjα, πονια Mühe, Plage, Strafe; Vgl. πεν, die auch in πενία, πεν—ητ, Nom. πένης auftritt. ντjα wurde zu νσα, und weil νς eine im Griechischen nicht geduldete Lautgruppe ist, fiel ν weg und hinterliess Ersatzdehnung des vorhergehenden Vocales. So wurde aus παντjα, πανσα πᾶσα, aus δοντjα, δονσα δοῦσα, aus τραϝεντjα, τραϝένσα τραϝεῖσα, aus δεικνυντjα, δεικνυνσα δεικνῦσα. Aus μοντjα statt μαντjα Partic. aus Wurzel μα, ma; messen, bemessen, denken. wurde μοῦσα, die Bemessende, Denkende. Weil aber unsere Stämme als vollere Form —εϝ aufweisen, so werden sie behandelt als consonantische. ἡδυ, vollerer Stamm ἡδέϝ—jα. Auch hier muss es eine Uebergangsform ἡδέϝ—jα gegeben haben: denn ϝ fällt gleich dem σ nur zwischen zwei Vocalen aus. Auf diese Weise (durch den Ausfall des ϝ) entstand ἡδέϊα und nach Eintritt der Contraction des ει zu ει ἡδεῖα. Die offene Form ἡδέϊα finden wir in Homer nie mehr, nur ἡδεῖα. Aber selbst das j (ι) konnte ausfallen, und das geschieht im Nom. Sing. Fem. des Stammes ὠκυ, welcher ὠκέα lautet.[35]) Auch im Gen. Sing. kommen Formen ohne ι vor, wie βαθέης, selbst im Acc. Sing. βαθέην. So erklärt sich nun ἐάων als Gen. Plur. Fem. Stamm ἐϋ (ἐσυ) + jα gibt ἐϝ—jα; + ων gibt ἐϝ—jα—ων; die Mittelformen müssen gewesen sein: ἐϝ—ιάων, ἐϊάων und mit Ausfall des —ι, wie in βαθέης statt βαθείης, erhalten wir ἐάων.

In der Declination des Femininum sehen wir nun bei Homer eine bewundernswerthe Consequenz.

Denn wie die Untersuchung gezeigt hat, sind δόξα, γλῶσσα durch das gleiche Suffix jα gebildet, wie ἀλήθεια, μοῖρα, ἡδεῖα. Das Attische nun bildet aus δόξα, γλῶσσα die Genitive und Dative Sing. δόξης, γλώσσης; δόξῃ, γλώσσῃ; aber dagegen ἀληθείας, μοίρας, ἡδείας; ἀληθείᾳ, μοίρᾳ, ἡδείᾳ. Nicht so Homer. Er bildet, den Formen δόξης, γλώσσης, δόξῃ, γλώσσῃ ganz entsprechend, auch ἀληθείης, ἡδείης u. s. w. Nom., Acc., Voc. Sing. hingegen bewahren das kurze α; z. B. εὐρεῖα, εὐρεῖαν. Nur wenn das ι ausfällt, tritt auch hier η ein, wie βαθέην, nach ionischer Weise. wo auch σοφίη steht, während nach dorischer Weise das α überall bleibt, ἁ τιμά u. s. w.

Belege für den **Nom. Sing.**:

αἰπεῖα, βαθεῖα, δριμεῖα, εὐρεῖα, ἡδεῖα, θήλεια, ἰθεῖα, λαχεῖα zum Masc. ἐλαχύς, λιγεῖα, ὀξεῖα, ταχεῖα, τρηχεῖα. Mit Ausfall des ι nur ὠκέα.

Belege für den **Gen. Sing.**:
βαθείης, βαρείης, εὐρείης, ταχείης, τρηχείης. Mit Ausfall des ι nur βαθέης.

Belege für den **Dat. Sing.**:
βαθείῃ, βαρείῃ, εὐρείῃ.

Belege für den **Acc. Sing.**:
βαθεῖαν, εὐρεῖαν, λιγεῖαν, τρηχεῖαν. Mit Ausfall des ι nur βαθέην.

Voc. Sing. und Casus des Dual fehlen.

Belege für den **Nom. Plur.**:
βαρεῖαι, θήλειαι, ὀξεῖαι, aber θαμειαί, ταρφειαί. In Betreff des Accentes folgt eine Anmerkung nach dem Acc. Plur.

Belege für den **Gen. Plur.**:
εὐρειάων, θρασειάων, ὠκειάων. Ausfall des ι nur in ἑάων.

Für den **Dat. Plur.** gibt es nur einen Beleg: die echt ionische Form ὠκείῃσι.

Belege für den **Acc. Plur.**:
βαρείας, θηλείας, ὀξείας; aber: θαμειάς, ταρφειάς.

Anmerkung. Die nicht entsprechende Accentuation in θαμειαί, ταρφειαί; θαμειάς, ταρφειάς zwingt uns nicht, ein Masculinum θαμειός, ταρφειός anzunehmen. Wir haben hier vielmehr eine schwankende Schreibweise der Codices anzunehmen, in Folge derer die Didot'sche Ausgabe sogar λίγεια, λίγειαν und λάχεια aufgenommen hat, obschon λίγεια, λίγειαν unbezweifelt zu λιγύς und λάχεια höchst wahrscheinlich zu ἐλαχύς gehört.

Adverbielle Formen.

Die griechische Sprache hat mehr als die gewöhnlichen fünf Casus von der indogermanischen Mutter ererbt. Manche dieser Casus leben noch in einzelnen Wörtern fort, so z. B. der Locativ in οἴκοι, Ἰσθμοῖ, χαμαί. Auch der Ablativ besteht noch als Adverbia bildendes Suffix —ως. ως steht für ωτ, wie λελυκώς, λελυκός für λελυκώτ, λελυκότ. Diesem ωτ entspricht im Skr. das auch seltene Suffix —at, welches zur Bezeichnung des Ablat. Sing. dient.

2

Im Lateinischen hiess es —ad, und verschmolz mit den Endvocalen der Stämme (a, o, i, u, e) auf die mannigfachste Weise. In den Grabschriften der Scipionen findet sich: gnaivod patred, das ist Gnaio patre.

Der Stellvertreter eines a im Griechischen ist ω als Vrddhi, wie vom Stamme ϝραγ das Perfect. ἔρρωγα durch Vrddhi des a gebildet wird, während das Praes. ῥήγνυμι Guna hat.

Da ως mit Vocal beginnt, wird die volle Form des Stammes bleiben, und wir haben λγεϝ — ως, ταχεϝ — ως und nach Ausfall des ϝ λγέως, ταχέως.

Aus dem Stamme ἐγγυ werden die Adverbia ἐγγύς, ἐγγύθι, ἐγγύθεν gebildet. Dem Stamm ἐγγυ entspricht im Lateinischen angu—stus, im Deutschen „eng". Da diese Suffixe mit Consonanten beginnen, so wird die schwächere Form des Stammes zu erwarten sein, wie im Nom. Acc. Masc. ἐγγύς hält man für eine Verstümmlung aus ἐγγύθι nach Analogie der Formen σχές, δός, θές aus σχέθι, δόθι, θέθι, durch die Mittelstufe σχεθ, δοθ, θεθ.

ἰθύς ist ebenfalls Adverb und scheint aus ἰθέθι entstanden zu sein, wie ἐγγύς aus ἐγγύθι.

Rückblick.

Wenn an die Stämme auf —υ, resp. —εϝ, ein Suffix mit consonantischem Anlaut tritt, so wird sowohl bei Substantiven als auch Adjectiven die einfachere Form auf —υ genommen. Beginnt aber das Suffix mit Vocallaut, so behalten die Adjective stets, von den Substantiven aber nur die unter c β) aufgeführten Barytona und die Neutra die ursprünglich vollere Form. Die einsilbigen Stämme, sowie die Oxytona, und die c α) angeführten Barytona haben auch hier die einfachere Form des Stammes. Eine Uebersicht über die Declination der —υ Stämme bietet die nebenstehende Tabelle.

Uebersichtliche Darstellung der Declination der Nominalstämme auf —υ.

	Substantive					Adjective		
	a) Monosyllaba.	b) Oxytona.	c) Barytona α.	c) Barytona β.	d) Neutra.	Masculinum.	Neutrum.	Femininum.
Nom. Sing.	σῦ-ς	ἰχλύ-ς	νέκυ-ς	πέλεκυ-ς	ἄστυ	πολύ-ς	πολύ	βαθεῖα, ὠκέα
Gen. „	συῦ-ός	ἰχλύ-ος	νέκυ-ος	—	ἄστε-ος	πολέ-ος / ἕη-ος	„	βαθείης, βαθέης
Dat. „	συῦ-ΐ	οἴξυ-ϊ (υι)	νέκυ-ϊ	πήχεϊ (ει)	ἄστε-ϊ	εὐρέ-ϊ / ἠλιατεῖ	„	βαθείῃ
Acc. „	σῦ-ν	ἰχλύ-ν	νέκυ-ν	πῆχυ-ν	ἄστυ	εὐρύ-ν / εὐρέ-α	„	βαθεῖαν, βαθέην
Nom. Plur.	σύ-ες	ἰχθύ-ες	νέκυ-ες	ἐντεσπήχε-ες	ἄστε-α	πολέες / πολεῖς	εὐρέ-α	βαθεῖαι
Gen. „	συ-ῶν	—	νέκυ-ων	πελέκε-ων	—	πολέ-ων / ἡμίστε-ων	„	ὠκείων, ἐάων
Dat. „	συσί / σύεσσι	ἰχθύσι	νέκυ'-εσσι / νέκυ-σσι	πελέκεσσι	πόεσσι	πολέ-ε-σσι / πολέσσι / πολέσι	„	ὠκείῃσι
Acc. „	σύας / σῦς	ἰχθύ-ας / ἰχθύς	νέκυ-ας / νέκυς	πελέκεας	ἄστε-α	πολέ-ας	βαρέ-α	βαρείας
Nom. Acc. Dual.	—	—	—	πήχε-ε	—	ταχέ-ε	„	—

Analyse der untersuchten Stämme

mit möglichst genauer Angabe der etymologischen Bedeutung des letzten Stammes und der Wurzel, wo es möglich war.

Vorbemerkung.

Es folgen hier, wie bei der Declination, zuerst die Stämme auf —ι, und zwar:
A. Stämme, gebildet durch das Suffix —τι;
B. Stämme, gebildet durch das Suffix —ι;
C. Stämme, gebildet durch Suffixe von der Form „Consonant+ι".

Im Capitel IV werden behandelt die Substantivstämme auf —v, und zwar auch:
A. Stämme, gebildet durch das Suffix —τv;
B. Stämme, gebildet durch blosses —v;
C. Stämme, gebildet durch Suffixe von der Form „Consonant+v".
D. Stämme mit wurzelhaftem —v.

Capitel V behandelt die Adjective und Adverbia, und zwar:
A. Stämme, gebildet durch blosses —v.
B. Stämme, gebildet durch Suffixe von der Form „Consonant + v".

In Betreff aller dieser Etymologien wurden immer die betreffenden Stellen aus Curtius, Grundzüge der griechischen Etymologie, dritte Auflage, nachgelesen, aber Manches anders behandelt. Wo die Stellen aus Curtius nicht beigefügt sind, ist es ein Zeichen, dass das betreffende Wort in jenem Buche nicht behandelt wurde. Ferners wurde jedes der hier aufgeführten Wörter auch in Dr. E. E. Seiler's vollständigem griechisch-deutschen Wörterbuche über die Gedichte des Homer und der Homeriden nachgeschlagen. Schliesslich gab ich auch für jene, welche sich mit der griechischen Wurzel nicht begnügen, jene Stellen aus Bopp's Glossarium Sanskritum, wo entweder über das betreffende Wort selbst, oder wenigstens über ein stammverwandtes gehandelt wird.

Capitel III.
Analyse und Etymologie der Substantiv-Stämme auf —ι.*)

A. Stämme, gebildet durch das Suffix —τι.

ἄγρωστις, (Cynodon dactylus, Hundsgras, Hundszahn, Gras... Seiler), zum Stamme ἄγρο gehörig.

ἄκνηστις, Rückgrat, wohl zu κνάω gehörig.

ἄ—κοι—τί—ς, die Mitschläferin, Gattin: ἀκοί-της, Stamm ἀκοι—τα der Mitschläfer, Gatte; beide sind Nomina agentis und nicht Ableitungen aus κοίτη, Lager. Die Wurzel ist κι (κια); durch Vrddhi wird sie κοι. Vergl. zu diesem Worte und zu παρά-κοιτις Curt. 139, 536, 572 und Bopp 389 a. 401 a.

ἀνά—βλη—σι—ς, Aufschub, Verzögerung. Wzl. βαλα, Perf. βέβληκ—α.

ἄνυ—σι—ς, Vollendung. Förderung. Wzl. ἀνυ, präs. ἀνύω u. ἀνύτω.

ἄρο—σι—ς, Ackerland, Saatland, Feld; eigentlich das Pflügen. das zu pflügende, gepflügte. Wzl. ἀρα.

ἄ—σι—ς? Schlamm, Unrath. Wurzel unbekannt.

βό—σι—ς, Futter. Weide. Wzl. βο, praes. βόσκω, βόσις, eigentlich das Weiden.

βούβρωστις, Heisshunger. βου— steigert den Begriff ins Ungeheuere. Wörtlich heisst βού—βρωστις „Ochsenhunger"; wir Deutsche sagen in ähnlicher Weise: Wolfshunger, Heisshunger. βρῶστις hängt unzweifelhaft mit βρῶσις zusammen und gehört zur Wurzel βορα, präs. βι—βρώσκω. βρῶστις setzt ein Präs. βρώθω voraus, wie ja auch neben πί—μ—πλη—μι die Nebenform πλήθω besteht.

---

*) Den Lautkörper, den man bisher Wurzel genannt hat, wie βαλ, γεν, βορ u. s. w. schreibe ich als βαλα, γενα, βορα, und nenne ihn Verbalnomen. Nur um nicht eine vollständige Umarbeitung machen zu müssen, lasse ich in dieser Arbeit noch die Bezeichnung Wzl. Dass aber βαλα, γενα, βορα keine Wurzeln seien, beweisen die einfacheren Stämme βα in βέ—βα—μεν, γα in γέ—γα—μεν, βο in βό—σι—ς. Und ich schreibe den Indicativ des stark. Aor. Act. so: ἔ—βαλο—ν, ἔ—βαλε—ς, ἔ—βαλε—(τ), ἐ—βάλο—μεν, ἐ—βάλε—τε, ἔ—βαλο—ν.

βρῶ—σι—ς, die Speise, eigentlich das Speisen, Verzehren: das zu verspeisende, zu verzehrende. Wzl. βορα. Ueber die Wurzel βορ Curt. 425.

γένε—σι—ς, die Erzeugung, der Ursprung. Wenzel γα, γενα, γενε erzeugen. Vgl. Curt. 166; zu γίγνομαι Bopp 146 b, 147 b.

δμῆ—σι—ς, die Bezwingung, Bändigung. Wzl. δαμα, Hom. Präs. δάμι—νη—μι.

δό—σι—ς, die Gabe. Wzl. δο in δίδωμι. Curt. 222, 400. Bopp 179 a.

ἔκ—βα—σι—ς, das Herausgehen, Ausgang, Ort zum Aussteigen, ἔκβασις ἁλός. Wzl. βα, Präs. βαίνω., Hom βάσκω.

ἔκ—λη—σι—ς, eigentlich ἐκ—ληθ—τις, das Vergessen, Amnestie. Wzl. λαθα, verborgen sein, präs. λα—ν—θ—άν—ω*), λήσομαι, λήθη.

ἐπίκλη—σι—ς, Zu- oder Beiname. Wzl. καλα, καλε, Präs. καλέω.

ἐπί—σχε—σι—ς, das An-, Auf-, Zurückhalten, die Enthaltung. Wzl. σεχα, σχε, ἐχα zu ἔχω. Vgl. Curt. 102, 182, 354, 639 und Bopp. 355 a (415 b).

κτῆ—σι—ς, das Erwerben, der Erwerb, der Besitz. Wzl. κτα in κτάομαι erwerben. Curt. 149.

κύστις, die Harnblase. Wegen des σ scheint es zur Wurzel κυθ, κεύθω verbergen, zu gehören. Aber es kommt wahrscheinlich von κυ in κυίσκω, anschwellen. Zu κυίσκω, vergl. Curt. 514 und Bopp 400 a.

λύ—σι—ς, die Lösung. Wzl. λυ, λύω lösen; Curt. 343.

μάν—τι—ς, Wzl. μανα. μάντις, also der Denker (μέντης u. μέντωρ, Hom. Eigenname, dieselbe Bedeutung); der Denker κατ' ἐξοχήν, der Wahrsager, Prophet Auch μοῦσα — μόντια gehört hieher. Vgl. Curt. 291. Bopp 285 a.

μῆ—τι—ς, List, Verschlagenheit. Wzl. μα, messen, bemessen, ersinnen. μῆτις als nomen actionis heisst das Bemessen, Ersinnen, Erfinden. Aber es könnte auch nomen agentis sein, gleich μάν—τις, dann wäre vielleicht νόος hinzuzudenken. Aber wie ἄκοιτις Fem. ist, so auch μῆτις. Curt. 99, 292, 538 und Bopp 283 b, 285 a.

μνῆστις, die Erinnerung. Wzl. μανα, μνα in μι—μνή—σκω, ich bringe in Erinnerung. Zu μνήμη Curt. 291.

---

*) λανθά—νο—μεν. Das ν ist nur eine Art Verlängerung. Vgl. φεύγο—μεν und φυγγά—νο—μεν.

νέμε—σι—ς, Wiedervergeltung, Göttin der Wiedervergeltung. Wzl. *νεμα, νεμε*, vertheilen, zutheilen Neben *νέμεσις* besteht auch *νέμησις*, die gerechte Vertheilung. Vergleiche über die willkürliche und nur graphische Unterscheidung zwischen *ἀνάϑημα*, das Weihegeschenk, das einem guten Gott Geweihte, Dargebrachte, und *ἀνάϑεμα*, das Verfluchte, der Fluch, d. i. der Mensch oder die Gabe, welche einem bösen Gotte preisgegeben wird. Ueber *νέμεσις* Curt. 293.

ξύν — ε — σι — ς, sonst *σύν--ε—σις*, das Zusammensenden, Vergleichen, Verstehen, der Verstand. Wzl. *ἑ* in *ἵημι*. Zu *ἵημι* Curt. 34, 373, 597, 664.

ὄνη — σι — ς, der Nutzen. Wzl. *ὀνα* in *ὀνίνημι*, Vortheil bringen; zu *ὀνίνημι* Curt. 300, 677.

ὄψι — ς, eigentlich *ὀπ—τι—ς*, das Sehen, die Sehkraft, das Gesicht; Wzl. *ὀπα* (*ὁρα, ἰδα*), ursprünglich *ὀκα*, welche noch in *ὀκ—ϳε, ὄσσε* fortbesteht. Curt. 97, 423.

παλίωξι—ς, aus *παλι—ιωξι—ς = παλιν + ἰωκ—τι—ς*, das Zurückdrängen des vorgedrungenen Feindes. Wzl. *ἰωκα* und *διωκα* in *διώκω*, verfolgen, drängen. Curt. 608.

παρά — κοι — τι — ς, Nebenschläferin; *παρακοίτης*, Nebenschläfer, Gatte. Vgl. *ἄ—κοι—τις*.

παραί — φα — σι — ς und *πάρ—φα—σι—ς*, das Nebenreden, Zureden, die Ermunterung. Vgl. bei *φά—τι—ς*.

πόρ — τι — ς, dazu auch *πόρ—ι- ες*, das Geborne, das Kalb. Die Wurzel noch im Lateinischen par, pario, pe—per—i, althochdeutsch bir—a, neuhochdeutsch ge—bär— e. Curt. 265.

πό--σι—ς, Gatte, Beschützer; Skr. pa - ti—s, der Beschützer, Gatte; Wzl. pa. Curt. 265. Bopp 227 b.

πό—σι—ς, der Trank; Wzl. *πι, πο, πινα* (*πίϑι, πέ—πω—κα, ποτός, πότος*, Praes. *πίνω*) trinken. Curt. 263.

πρῆξι—ς, eigentlich *πρηγ—τι—ς*, attisch *πρᾶξις* (*πρᾶγ—τι—ς*), das Hinüberschaffen, überhaupt dann Handlung, Geschäft. Wzl. *πρᾶγα*, Präs. *πράσσω*, Ableitung aus *πρα* in *πε —πρά—σκ—ω*, hinüberschaffen. Curt. 257. Zu *πράσσω* auch Bopp 73 a.

πρό — βα — σι — ς, das Vorwärtsgehen, Vortheil, auch Besitz an gehendem Gute im Gegensatz zu *κειμήλια*, liegende Habe: somit *κειμήλιά τε, πρόβασίν τε*, das liegende und gehende Gut. Homer *β* 75. Vgl. in Bezug auf die Wzl. *ἔκ--βασις*.

πρό—φα—σι—ς, das Vorzeigen, Vorgeben, der Vorwand.
Vgl. φάτις.
ῥῆ—σι—ς, das Reden, das Geredete, Wort, Rede. Wzl. ϝερα, ϝρε
= ῥε; ἐρα = ϝερα. Nebenformen ῥῆμα, wozu Bopp 267 b.
Curt. 321.
σίν—τι—ς, in Homer wohl Eigenname, aber ein bezeichnender.
Wzl. σινα in σίνομαι, beschädigen; ἀ—σιν—ής, unbeschädigt,
incolumis. Also σίντις: Beschädiger. Zu σίνομαι Bopp 99 b.
σκέδα—σι—ς, das Zerstreuen, Vertreiben. Wzl. σκεδα in σκίδ—
νη—μι, σκεδα in σκεδάννυμι, zerstreuen. Curt. 231; zu σκεδάννυμι Bopp 143 b.
τί—σι—ς, Busse, Entgelt, Sühngeld. Wzl. τι, präs. τίνω u. τίω,
büssen, entgelten, ersetzen. Curt. 445.
ὑπ—άλυξι—ς, eigentlich ὑπ—αλυκ—τις, das Entweichen, Vermei-
den, Entgehen. Stamm ἀλεξα. Wechsel des ε mit υ. ἀλέξω,
abwehren. Wzl. ἀλκα in ἀλκή, Wehr, Wehrkraft. Zu ἀλεξω
Curt. 65, 128, 131, 357.
ὑπό—σχε—σι—ς, das Versprechen. Vgl. ἐπίσχεσις. Das Zeit-
wort ist ὑπισχνέομαι, versprechen, eigentlich ὑπο—σι—σεχ—
νέ—jο—μαι.
φά—τι—ς, attisch φά—σις. Vgl. πάρφασις, πρόφασις, das Reden.
die Rede. Wzl. φα in φημί, φάσκω, eigentlich zeigen, angeben.
Weiterbildung ist φανα in φαίνω, ich zeige. Curt. 278, 584.
Zu φάω, φαίνω Bopp 271 a, 273 a.
φύξ—ις (φυγ—τις), das Ausbeugen, die Flucht. Wzl. φυγα, lat.
fug—i—o, goth. biug—a, neuhochdeutsch biege und beuge,
Skr. bug. Curt. 178; Bopp 274 b.
φύ—σι—ς, das Wachsende, Werdende, die Natur. Wzl. φυ,
Präs. φύω, erzeugen. φύω aus φυ—ι—ω, ich mache wachsen,
erzeuge. Dazu Curt. 285; Bopp (276 a) 277 b.
χύ—σι—ς, das Giessen, Schütten; das Gegossene, Aufgeschüttete,
der Haufe. Curt. 193. Wzl. χυ, Präs. χέω χέϝω.

Bemerkung über das Suffix —τι.

Das Suffix —τι, gewöhnlich abgeschwächt in —σι, besonders
nach Vocalen, aber auch nach Gutturalen, Labialen und Dentalen.
wo es dann den Dental ausstösst, sollte eigentlich abstracte Substantive, oder besser gesagt, den substantivirten Infinitiv bilden.
Aber schon in Homer sehen wir, dass ein mit —τι gebildetes Sub-

stantiv etwas Concretes ausdrückt, wie χύσις, das Aufgeschüttete, der Haufe; βόσις, das zu verzehrende, das Futter; ἄροσις, das zu pflügende, das Ackerland. τι neigt sich also in Form und Bedeutung hin zu —το, lateinisch —tu, deutsch —t. Vergleiche πόσις, gleichbedeutend mit πότος, der Trank, und auch mit ποτός, das zu trinkende. πρῆξις, gleichgebildet mit fac—tu—m, That. Aber —το bildet im Griechischen ausschliesslich oxytonirte Verbaladjective im Sinne des latein. —en—du—s: γραπ—τό—ς, latein. scrib—endu—s. Das Suffix —tu vertritt das im Lateinischen fehlende Suffix des Particip. Pass. ama—tus, der Form nach griech. φιλη—τός, der Bedeutung nach πεφιλημένος. Das Suffix —t bildet im Deutschen Substantive Tha—t, Schlach—t, von thun, schlagen, und ist hier gleich griech. —τι; es bildet aber die Participia Perfect. Pass. in den schwachen Verba ge—leg—t, ge-hör—t, ge—lieb—t, von leg—en, hör—en, lieb—en. Ausserdem bildet aber das Suffix —τι auch nomina agentis und greift ein in die Sphäre der Suffixe: —τα, Nom. της, wie in ποιη—τής; —τηρ, Nom. —τηρ, ἀρητήρ. Hom. A. 11, der Beter, Priester; —τορ, Nom. —τωρ ἡγήτωρ, Führer, Anführer. Den gleichen Sinn haben μάντις, der Denker; σίντις, der Beschädiger, und vor allem πόσις, der Beschützer, Gatte. —τι steht endlich noch als Femininform neben einem Masculinum auf —τα. Die Nom. ἀκοίτης, παρακοίτης haben als Feminina ἄκοιτις, παράκοιτις. Daraus ergibt sich nun die begriffliche Verwandtschaft des Suffixes —τι einerseits mit —το (τός, τή, τόν), andererseits mit —τα (τής), —τήρ, —τορ (τωρ). Aber die Vermuthung liegt nur zu nahe, dass alle diese Suffixe ursprünglich nicht anders gewesen seien, als —ta. —τορ und —τηρ ergeben sich als Weiterbildungen des ursprünglichen —ta.

Aber auch in die Sphäre des Suffixes —ματ greift es manchmal ein, während es doch demselben sehr ferne zu stehen scheint, wie ποίησις, die Gabe, die Kunst des Schaffens, die Dichtkunst, gegenüber dem ποίημα (ποιηματα), Erfolg des Schaffens, Schöpfung, Dichtung, beweisen. Beispiele dieses Uebergreifens sind βρῶσις = βρῶμα; ῥῆσις = ῥῆμα.

Adjective auf —τι gibt es nur drei: δολό—μητις, πολύμητις und νῆστις, deren zwei erste ihre Besprechung schon bei μῆτις gefunden haben. νῆστις, wahrscheinlich aus νη--εδ—τι—ς, nicht gegessen habend, nüchtern, ist übrigens von zweifelhafter Etymologie. [36])

B. Stämme mit dem einfachen Suffixe —ι. [17])

ἄγυρ —ι —ς, Versammlung; gewöhnliche Nebenform ἀγορά. Man beachte den Wechsel zwischen o und υ in der Stammsilbe und die Verwandtschaft der Suffixe —ι und —α. ἄγυρις und ἀγορά sind vom Stamme ἀγερα, präs. ἀγείρω, versammeln, zusammenrufen; ἀ—γερα = ἁ (ἁ = σα, skr. sam) und γερα, wovon γῆρυς, die Stimme. Curt. 667 zu ἀγείρω Bopp 442 b.

ἀκρόπολις, hohe Stadt, Hochstadt, vgl. πόλις.

ἄσ —ι —ς? es bedeutet Schlamm.

δῆρ —ι—ς, Wettkampf. Wzl. δερα, δαρα.

κάλπ —ι—ς, Krug, Urne. Nebenform κάλπη. Wieder Wechsel der Suffixe —α und —ι. καλπα könnte Weiterbildung einer im Griech. nicht mehr für sich bestehenden Wurzel καλα, lat. cel in celare und oc—cul—o sein. Noch eine vollere Weiterbildung wäre καλ—υ—π—τω, wie ja auch ἐλα - ἐρα mit —θα, zu ἐλθα, ἐλυθα weitergebildet ist. κάλπις und κάλπη wäre dann das Verbergende, Verhüllende, was für irdene und metallene Gefässe, Krüge, gut passt. Curt. 142.

κίθαρ —ι—ς, gewöhnliche Nebenform κιθάρα; wieder Wechsel des —α und ι. Ableitung unbekannt.

κόν —ι —ς, Staub, Asche. Man möchte an Zusammenhang mit κεν in κενός, leer, denken; aber es wird wohl mit Curtius zu κνάω zu stellen sein. Curt. 457.

μῆν —ι—ς, Wuth, Zorn. Wzl. μανα in μαίνομαι, rase, wüthe. μανα selbst ist Weiterbildung aus μα. Curt. 99, 291, 584. Bopp 285 a, 288 a.

ὁμήγυρις = ὁμ—ηγυρ—ι—ς, Versammlung; vergl. ἄγυρις.

ὄϊς = ὄϝ—ι—ς, das Schaf. Curt. 88, 363, 470, 538, 540. Bopp 26 b.

πόλ—ι—ς, Stadt, Staat. Wzl. πλα (in πίμπλημι, πλήθω, πολ—υ—ς). Es bedeutet Fülle, volle Gemeinde, der Staat und in Griechenland auch Stadt. ἄστυ dagegen hat nicht die Stadt, als den Staat, die Volksgemeinde im Auge, sondern heisst nur Wohnplatz. Curt. 80, 212, 264, 585. Bopp 244 a.

πτόλις, ziemlich häufige Nebenform zu πόλις, und aus diesem wahrscheinlich durch das Eindringen eines j nach π hervorgegangen. Die Uebergangsformen wären: πόλις, πjολις, πdjoλις, πτόλις. Curt. 252, 453. Bopp 133 a.

ῥάχις, Rückgrat; althochdeutsch hrucki, Rücken. Curt. 326.

τρόπ —ι—ς, der (gebogene, gekrümmte) Schiefskiel. Nebenform

der Bildung nach, aber mit anderer Bedeutung, ist τροπή, Wendung. Wzl. τραπα, τρεπα, Präs. τρέπω, wende, Curt. 427.

ὕβρ—ι—ς, das Ueberschreiten des Masses; Frevel, Uebermuth, zu ὑπέρ gehörig. Curt. 272, 491.

φρόν—ι—ς, Wahrnehmung, die dadurch erlangte Kenntniss, Einsicht. Es gehört zugleich mit φρόντις, Sorge, φρονέω = φρονέ—jο—μι, denken, zum Stamme φρενα, Nom. φρήν, das Zwerchfell, nach griech. Anschauungsweise der Sitz des Denkens und Empfindens. Zu φρόντις Curt. 584, 585; zu φρήν Bopp 256 b.

Adjective:

ἑκατόμπολις, siehe πόλις.

ἐρυσί—πτολις, siehe πτόλις, Stadt beschirmend.

χρυσό—ρραπ—ι—ς, goldenen Wurfstab habend. Ϝραπις - ῥαπις zu ῥίπτω schleudern. Ueber ῥάπις Curt. 327. 600.

ἦνις, Etymologie dunkel. Bedeutung jährig, ein Jahr alt, nach Andern glänzend.

θέσπις, übermenschlich, erhaben, herrlich. θεσπι wohl aus θεσ+σεπτ—ι. θες, wovon aller Wahrscheinlichkeit nach θεός für θεσός, der Angeflehte: σεπα in ἔννεπε ἐν—σεπε, lat. in—sec e, insectiones, deutsch sag—en, also θέσπις, Gottes Wort habend, gotterfüllt. Curt. 427, 468.

C.

Stämme, gebildet durch Suffixe von der Form „Consonant + ι." [38])

δύνα—μι—ς, die Macht, Gewalt. Stamm δυνα in δύναμαι, wozu Curt. 449.

φῆ—μι—ς, Nebenform φήμη; Stamm φημα. Wzl. φα, wie in φάτις. Bedeutung: Rede, Gerede, Gespräch. Einmal kommt es in der Bedeutung des aus den romanischen Sprachen entlehnten Wortes „Parlament" vor. Man beachte den Wechsel zwischen —μι und —μα.

ὄφις, aus ὀπϜις und dieses aus ὀκ—Ϝι—ς. Die Wurzel ὀκα ist bei ὄψις besprochen worden. Bedeutung: das blickende, schauende Thier, Schlange. Man vergleiche δράκων, Stamm δρακο—ντα, der Drache, die Schlange, von Wzl. δαρκα in δέρκομαι, schauen, abgeleitet. ὄφις und δράκων heissen schauend, blickend. Der Uebertritt eines κ in π ist im Griechischen häufig. ὀπϜις (aus ὀκϜις) hat das Ϝ verloren, welches aber das π in φ verwandelt hatte, und so entstand ὄφις.

πάρδαλις und πόρδαλις. Wohl kaum ein griechisches Wort, und somit auch nicht als παρδα—λι—ς aufzufassen. Bedeutung: Pardel, Panther. Bopp 385 b.

Adjective:
ἄ—ἴδρι—ς, ἴδ—ρι—ς, πολύ—ιδ—ρι—ς.
ἴδ—ρι—ς = Ϝιδ—ρι—ς, kundig, verständig. Wzl. Ϝιδα, latein. vid—eo, goth. vita—n, althdtsch wizz—an, nhdtsch wiss-´en, skr. vid. οἶδα, ich weiss; εἶδον, d. i. —ἔ—Ϝιδο—ν, ich sah. Das Suffix —ρι ist in dieser Form äusserst selten, aber sehr häufig —ρο (ρος, ρα, ρον); es hat die Bedeutung: begabt mit etwas. ψυχ—ρό—ς, begabt mit Kühle, kühl, frisch; λυπ—ρό—ς, λυπη—ρός, begabt mit Trauer. φοβε—ρό—ς, begabt mit Furcht.
Ueber ἴδρις Curt. 227, 492. 584.

φύξη—λι—ς, flüchtig, feige, φυγ—τα—λι. —λι ist nur Abschwächung des —ρι, und dem —ρο steht das —λο ebenso häufig zur Seite, als —ρι und —λι selten sind.

Anmerkungen.
1. Das Suffix —ι.

Wir haben bereits wiederholt darauf hingewiesen, wie die Suffixe —ι und —α abwechseln, ohne die Bedeutung zu ändern: ἄγυρις —ἀγορά; κίθαρις—κιθάρα; κάλπις—κάλπη. Die Formen auf —α sind in der spätern Sprache die gewöhnlichen. Dem τρόπις steht auch ein τροπή gegenüber, aber mit modificirter Bedeutung.

2. Die Suffixe —μι, —ρι, —λι, —Ϝι.

Auch diesen Suffixen stehen ursprüngliche Suffixe —ma, —ra (la), —va, griech. —μο, —ρο, —λο, —Ϝο gegenüber. Ueber φήμη —φῆμις (Stämme φη—μα, φη—μι) ist bereits gehandelt worden. Dem δύνα—μι—ς steht aber kein δυνάμη, dem ἴδρις kein ἰδρός, dem φύξηλις kein φυξηλός gegenüber. Aber ὅρ—μος, der Schwebepunkt, Ankerpunkt, ist auf gleiche Weise gebildet wie δύνα—μι—ς; ἵππος, d. i. ἴκκος, ἰκ—Ϝο—ς, skr. aç—va—s heisst ebenso mit Schärfe, Schnelligkeit begabt, wie ὄψις, d. i. ὀκ—Ϝι—ς heisst; mit Sehkraft begabt. So stehen sich auch gegenüber ψυχ—ρό—ς, mit Kühle versehen, und ἴδ—ρις, mit Wissen, Einsicht versehen.

Wir erkennen also in den Suffixen —α und —ι; —μα und —μι; —ρα und —ρι; —λα und —λι; —Ϝα und —Ϝι die Identität der Bedeutung, dürfen aber, wie wir es bei —τι und —το, —τα,

—τηρ, —τορ gethan haben, auch auf eine ursprüngliche Identität der Form schliessen, und wir hätten dann die ursprünglichen Suffixe —a, —ma, —ra, —va, —ta.

Capitel IV.
Die Substantiv-Stämme auf —v.
A. Stämme, gebildet durch —τυ.

ἄσ — τυ, Ϝάσ — τυ, Gen. ἄστεος, die Wohnstätte, Stadt. Wurzel Ϝασα, wohnen, die auch in Ἑστία = Ϝεστία enthalten ist. Skr. vas, wohnen, lat. ves—ta; deutsch: ich war (was) gewes—en, goth. vis—an, bleiben, wohnen. Curt. 80, 195, 380, 400, 531. Bopp 353 b.

ἀγορη — τύ — ς, Redegabe, Beredsamkeit. Vgl. ἀγορά.

ἀκοντισ — τύ — ς, das Lanzenwerfen, der Speerkampf, vom Stamme ἀκοντίζω, mit dem Speere werfen, kämpfen. ἄκων selbst ist ein altes participium aus der Wurzel ἀκα, stechen, spitzig, scharf sein. Ueber ἄκων, ἄκοντος Curt. 126, 459.

ἀλαω — τύ — ς, die Blendung, zunächst von ἀλαόω, blenden. Wzl. wahrscheinlich ἀλα, die in ἀλήτης, der unstäte, unsichere, herumirrende Wanderer. ἀλαωτύς würde dann nur die Folge der Beraubung des Augenlichtes, das unstäte Herumirren bezeichnen. Zu ἀλάομαι, herumirren, siehe Curt. 509, 541.

βοη — τύ — ς, das Rufen, Geschrei. Nebenform mit gleicher Bedeutung βοή, Stamm βοα, in βοάω, rufe, wozu Curt. 435.

βρω — τύ — ς, das Essen, die Speise. Wzl. βρο, βορα, lat. vorare, carnivorus. Nebenform βρῶσις.

γραπ — τύ — ς, Ritzung, Verletzung der Haut. Wzl. γραφα, ritzen, kratzen, eingraben, schreiben, mit dem Stilus in die mit Wachs überzogene Holztafel einkratzen. Zu γράφω Curt. 170, 656. Bopp 149. b.

δαι — τύ — ς, die Austheilung, das Mahl. Wzl. δα, erweitert durch —ι zu δαι in δαί—νυ—μι, vertheilen. Curt. 216. Zu δαίς Bopp 185, a.

ἐδη — τύ — ς, das Essen, die Speisung, die Speise. Wzl. ἐδα; von ἐδ+θα kommt ἔσθω mit —ια ἐσθίω, die reine Wurzel erscheint in ἔδο—μαι fut. Curt. 74, 225.

ἐλεη — ι ύ — ς, Mitleid, Erbarmen. Nebenform ἔλεος, Stamm ἐλεεσα ἐλεείνω statt ἐλεεσ—νω, ich habe Mitleid. Wzl. unbekannt.

ἐπη — τ ύ — ς, Freundlichkeit, Gütigkeit. ἐπη—τύ—ς wie ἰδη—τύ—ς. ἐπα statt σε/τα oder Γε/τα, reden. ἐπητύς wäre Gesprächigkeit, Leutseligkeit. Wohl hieher gehört auch ἤπ—ιος aus Γέπιος, gesprächig, gütig, freundlich. Curt. 360.

κιθαρισ—τ ύ—ς, das Zitherspiel, zunächst von κιθαρίζω, wie ἀκοντιστύς von ἀκοντίζω. κιθαρίζω (κιθαριjα) aus dem Nominalstamme κιθαρι, Nom. κίθαρις. Curt. 375.

κλι — τ ύ — ς, der Abhang, Gestade. Wzl. κλι, Praes. κλίνω, neigen, lat. in—clinare, deutsch l e h n e n, wo das für das c (z) stehende h abgefallen ist. Zu κλιτύς stimmt der Wzl. nach litus (Stamm clit—es, clit—os) statt clitus, und das deutsche Leite, d. i. Gestade, Abhang. Daher viele Ortsnamen und Eigennamen: Seeleiten = Seegestade; Bachleiten = Bachgestade; Oberleiten = das obere Gestade u. s. w. Curt. 143. Bopp 395 b.

μνησ — τύ — ς, das Brautwerben, Freien. Das σ erklärt sich wie in μνῆστις. Wzl. μνα, μανα und dieses aus μα. Zu μνά—ομαι Curt. 291.

ὀαρισ — τ ύ — ς, der vertraute Umgang, Verkehr; zunächst vom Stamme ὀαριδα (ὀαριj) in ὀαρίζω; dieses von einem ungebräuchlichen ὄαρις. Nach Abwerfung des Suffixes —ι bleibt ὀαρα statt Γα— Γαρα. Γαρα, Γερα, siehe oben bei ῥῆσις, heisst reden. ὀαριστύς, also das Reden, wie ja in der Umgangssprache die Ausdrücke: „mit einander plaudern oder plauschen" ausdrücken: „gemüthlich, vertraut, zärtlich mit einander reden, verkehren." Curt. 321.

ὀρχησ — τ ύ ς, das Tanzen, der Tanz. Vom gleichen Stamme ist das Praes. ὀρχέομαι. Wzl. zweifelhaft. Ueber das eingedrungene σ siehe Curt. 575. Zu ὀρχέω siehe Bopp 352 a.

ὀτρυν — τ ύ — ς, die Anregung, Ermunterung. Stamm ὀτρυνα, Praes. ὀτρύνω, anregen, antreiben, aneifern. Ueber ὀτρύνω Curt. 299, 674, 676.

ῥυστακ — τ ύ — ς, das Hin- und Herzerren, schimpfliche Behandlung. Stamm ῥυσταγα, Praes. ῥυστάζω. Wzl. unbekannt.

τανυ — σ — τ ύ — ς, das Spannen des Bogens. Zunächst von τανυ—μαι, Stamm τανυ, ταν—Γα. Einfachere Gestalt τανα, τενα. Wzl. τα. Ueber τάνυμαι Curt. 66, 204. Bopp 162 b.

Hieher gehören wahrscheinlich auch ἰξύς, die Weichen; ἴτυς, der Radkranz, Schildkranz; aber weil sie zweifelhafter Etymologie sind, so werden sie erst unter C. aufgeführt.

B. Substantiv-Stämme, durch einfaches —υ gebildet.

ἄ — στ α χ — υ — ς, dasselbe wie στάχυς.

γέν — υ — ς, die Wange. lat. gen—a, deutsch Kinn. Man beachte den Wechsel der Suffixe —a und —υ in den Schwestersprachen. Curt. 288, 247. Bopp 109 b. 442 a u. b.

γῆρ — υ — ς, die Stimme. Wzl. γαρα (γερα, womit wir auch ά—γερα in ἀγείρω bei ἄγυρις zusammengestellt haben), lat. garrio, garrulus. In unsern Dialecten: „das Giekirre" = Geschwätz, Plauderei. Curt. 168. Zu γηρύω Bopp 112 b.

ἰλ — ύ — ς, Schlamm, Morast. Zusammenhängend mit εἰλέω, εἴλλω, εἰλύω, εἴλω, ἴλω. Wzl. ϝαλα, ϝελα, ϝιλα. Zu ϝαλα unser deutsches Wort „Walze", wovon wälzen. Das Latein hat das α in ϝαλα zu o in vol—ve—re verdumpft, welches volvere in Betreff seines Weiterbildungs-Suffixes mit εἰλ—ύ—ω übereinstimmt. Ueber die Wörter εἰλέω u. s. w. Curt. 112, 334, 502, 514, 639, 664.

ἰχθύς, der Fisch. Nach Benfey I. S. 245 und Christ S. 104 wäre ἰχθύς entstanden aus πιχθύς = piscis. Aber ebenso wahrscheinlich dürfte ἰχθύς aus ἰκ—τυ—ς (ϝικ—τυ—ς) entstanden sein. Wzl. ϝικα in εἴκω, weiche, entweiche, gebe nach. ϝικτύς würde bedeuten das Entweichen, der Entweichende, was ja vom Fische gilt in Folge der Glätte seiner Haut.

κῖκυς, die Kraft. Etymologie sehr dunkel. Es könnte Wurzel κι, Praes. κίω, ich gehe, zu Grunde liegen. Dann wäre die volle Gestalt unseres Thema κι—κι—υ—ς. Das —ι wäre vor —υ ausgefallen, und die Bedeutung wäre, die Eigenschaft, das Vermögen zu gehen, die Kraft. Anders Curt. 150. Bopp 379 b.

μέθ — υ, berauschendes Getränk. Skr. madh—u, Honig; deutsch Meth = Honigwasser, aus Honig bereitetes, berauschendes Getränke. μέθυ wäre also eine treffliche Bezeichnung der süssen, feurigen Weine des Südens. Curt. 244, 474. Bopp 284 b.

νέκ — υ — ς, der Todte, der Leichnam. Nebenform νεκ—ρό—ς. Wzl. νεκα. Curt. 154. Bopp 211 b.

νηδύς, Mutterleib. Ableitung unbekannt.

ὀϊζ — ύ — ς, das Wehklagen, Jammer, Elend, Trübsal. Dieses Wort, sowie seine Form- und Bedeutungsverwandten οἰμωγή, οἴμογμα, οἰμώζω u. s. w. scheinen nur eine Weiterbildung aus dem Weherufe οἰ zu sein. οἰζύς setzt einen Stamm οἰ—ja, οἰδja = οἰζα voraus. Zu οἰκτιρμός Curt. 664.

πέλεκυς, das Beil. Wzl. scheint zu sein πλακα, πλαγα, Praes. πλήσσω, schlagen; πλακα aber selbst weiter gebildet aus παλα, πελα. Die Bedeutung also: Werkzeug zum Schlagen, Behauen, Beil. Curt. 155, 618, 682.

πῆχ—υ—ς, Arm, Unterarm. Skr. bah—u—s, wo aber das b nicht zum π stimmt. Curt. 184. Bopp 265 a.

πίτυς, die Fichte. πίτ—υ—ς, wenn es statt πυκ—υ—ς steht. Nebenform πεύκη. Sollte es aber für πυκ—τυ—ς stehen, dann würde es unter A gehören und zu „Fich—te" stimmen. Curt. 155.

πληϑ—ύ—ς, die Menge. Nebenform πλῆϑος. Stamm πληϑε—σα. Zunächst von πληϑα, Praes. πλήϑω, welches Nebenform ist zu πί—μ—πλη—μι. Wzl. πλα, wovon auch πόλις, πολύς, πλατύς. Curt. 260.

στάχ—υ—ς, der Stachel; die Aehre, Kornähre. Wzl. σταχα ist eine Weiterbildung aus στα, wie ja auch die deutschen Wörter „stechen, stecken, stellen" mit stehen zusammenhängen und zur Wzl. sta gehören. Unserm „stechen", althochdeutsch stehh—an, entspricht aber in Form und Bedeutung die Wzl. σταχα, welche wir ungeschwächt nur noch in στάχ—υ—ς haben, während sonst das α zu ι abgeschwächt ist: στιχα in στίγ—μα, στίχο—ς. Sonderbar ist nur, dass dieses aus α abgeschwächte ι die gleichen Lautsteigerungen erfährt, wie ein ursprüngliches ι: z. B. στίχος, στείχω, στοῖχος, ebenso wie ἔ—λιπ—ον, λείπω, λέ—λοιπ—α. ι : ει : οι = skr. i : ê (ai) : ai (âi).

C. Substantiv-Stämme, gebildet durch Suffixe von der Form „Consonant + υ."

ἀχ—λύ—ς, Dunkel, Finsterniss, Nebel. Wzl. ἀχα in ἄχος (Stamm ἀχε—σα), Schmerz, Trauer, Bedrängniss. Das Suffix —λυ verhält sich zu —ρυ (in dem Worte δάκ—ρυ) wie λο : ρο. Ursprünglich nur —ρα, auch —λα, später —ρο, gibt dem Worte die Bedeutung: versehen, begabt mit. ἀχλύς würde also bedeuten: begabt mit Schmerz, Trauer; Beängstigung in sich schliessend, was für den lästigen Nebel gut passt. Denn der zum Schutze einer Person von der Gottheit gesandte Nebel, worin z. B. Athene den Odysseus hüllt, heisst ἀήρ. Ueber ἄχος Curt. 180, 473. Ueber ἄχνυμι Bopp 415 b.

βό—τρυ—ς, die Weintraube. Wzl. βο wie in βόσις; Suffix —τρυ —τρο, wodurch Substantive mit der Bedeutung des Mittels, um die Thätigkeit, welche in der Wurzel liegt, hervorzubringen, gebildet werden. ἄρο—τρο—ν, Mittel, Werkzeug zum Pflügen, Pflug. So unser βό—τρυ—ς, Mittel zum Nähren, dann specialisirt: Traube, Weintraube. Curt. 655.

δάκ—ρυ, die Thräne. Wzl. δακα in δάκνω, beissen; Suffix —ρυ, —ρο. Bedeutung somit: Etwas, was die Eigenschaft des Beissens enthält; demnach ursprünglich Adjectiv vielleicht mit dem Substantive ὕδωρ? Wer aber hätte nie in seinem Leben die Erfahrung gemacht, dass die Thränen „ein beissendes Wasser, ein Bitterwasser" sind! Nebenform ist δάκρυον, lateinisch lacrima (dacrima), goth. tagar, unser „Zähre". Curt. 76, 128, 401, 600. Bopp 27 b. 187 b.

ἔγχε—λυ—ς, der Aal. Der Aal ist seiner Körperform nach einer Schlange ähnlich; und ἔγχε—λυ—ς ist aus ἔχ—ι—ς, Schlange, weiter gebildet. ἐχα wurde durch Nasalirung zu ἐγχα, latein. ang—ui—s. Das Suffix —λυ heisst ja: versehen mit dem im Stamme Ausgedrückten; somit ἔγχελις, ursprünglich Adjectiv mit der Bedeutung „schlangenartig". Darüber Curt. 183.

ἐρινύς, die Erinie, Rachegöttin. Falls dieses Wort wirklich ein Lehnwort ist, Skr. Saranjû die Eilende, Stürmende (vgl. Kuhn Ztschr. I. 439 ff.), so passt die Bedeutung „Eilende, Stürmende" recht gut zur Bezeichnung der dem Laster auf dem Fusse nachfolgenden Rache. Aber man könnte auch versucht sein, ἔρι—νυ—ς abzutheilen. ἐρι ist der Stamm, aus dem das Substantiv ἔρι—ς (Gen. ἔριδος, aus ἐριδj—ος, ἐριj—ος, ἐρj—ος) und ἐρίζω gebildet werden. Wurzel müsste ἐρα (ar) sein, und ἐρίζω würde bedeuten: „in Aufregung, Unruhe bringen". Das Suffix —νυ ³⁹) ist nur die seltenere Form für das häufige —νο. Letzteres wird schon im Skr. fast ebenso häufig wie —ta zur Bildung der Participia Perf. Pass. verwendet. Beispiele aus dem Griechischen sind: τερπ—νό—ς, Wohlbehagen, Freude in sich bergend, mit Freude ausgerüstet, also im Stande, Freude mitzutheilen, erfreulich. στυγ—νό—ς, Hass, Abscheu in sich bergend, somit den Menschen verhasst. δει—νό—ς, Schrecken in sich bergend, somit für die Menschen schrecklich. ἐρι—νύ—ς wäre demgemäss jene überirdische Macht, welcher die Eigenschaft, „in Schrecken, Unruhe, Angst zu versetzen", innewohnt, die also Schrecken einjagen kann jenen

Menschen, welche ihr Gewissen mit Frevelthaten belastet haben. Curt. 321, 637, 664.

θρῆ—νυ—ς, Fussschemel. Nebenformen: θρᾶ—νο—ς, θρα—νί—της. Auch θρό—νο—ς ist Nebenform, aber mit etwas geänderter Bedeutung. Es bedeutet nämlich: erhöhter Stützpunkt für den Körper, Stuhl, Thron. Wzl. (θαρα) θορα, δρο. Suffix —νυ—νο. Curt. 242.

ἰξύς, Weichen. Man könnte versucht sein, ἰκ—τυ—ς anzunehmen, aus dem ἰξύς sich gebildet hätte, wie φέξις aus φυγ—τι—ς. Wzl. wäre ἰκα (Fικα) weichen, nachgeben: ἰξύς, das Weichende, Nachgebende, die Weichen.

ἰ—τυ-ς, Radkranz, Schildkranz. Wzl. Fι. Curt. 362.

D. Wörter mit wurzelhaftem —υ. [40])

δρῦ—ς, Stamm δρυ, die Eiche, aber ursprünglich Baum im Allgemeinen; althochdeutsch triu, Baum, davon noch unser Apfalter = Apfelbaum; englisch tree = Baum. Curt. 224, 671. Bopp 196 a.

σῦς, Stamm συ, das Schwein, die Sau. Wzl. wahrscheinlich Skr. su, generare, da ja diese Eigenschaft dem Schwein in hohem Grade zukommt. Curt. 231, 356, 382, 510, 599; Bopp 392 a, 423 a.

ὀ—φρύ—ς, Wurzel φρυ, die Augenbrauen. ο ist nur Vorschlagsvocal. Curt. 277, 299, 451, 673. Bopp 281 a, 213 b, 324 a.

Anmerkung. Bemerkungen über die einzelnen Suffixe kommen erst im nächsten Capitel, da ja die meisten dieser Suffixe sowohl den Substantiven wie den Adjectiven angehören.

Capitel V.

Adjectiva.

A. Blosses —υ als Suffix. [41])

αἰπ—ύ—ς, 3. jäh, schroff aufsteigend; jähe, plötzlich, schwer zu vollbringen. Wzl. unbekannt.

ἀμφί—δασ—ύ—ς, herum zottig, mit Troddeln behangen. Wzl. δασύς.

βαθ—ύ—ς 3. tief. Wzl. βα, gehen, schreiten. Weiterbildungssuffix θα, also βαθα. Curt. 432, 538; Bopp (262 a), 264 a.

βαρ—ύ—ς 3. schwer. Im Skr. und Latein. haben wir g. Skr. guru—s aus gar—ui—s. Sowie die lateinischen Substantive, deren Stamm auf Consonanten ausgeht, alle, in einigen Casus wenigstens, in die Declination der Jota-Stämme übergetreten sind [*]), sind auch die Adjective auf —u (gr. —υ), die mehr an der consonantischen Form festhielten (vgl. die Bemerkungen zur Declination) vollständig in die Jota-Classe übergetreten, wogegen die Substantive auf —u, wenigstens einige Casus, nach ihrer eigenen Classe bilden. (Vergl. fructu—s, fruc—tu—m gegenüber fruct—i—bus.) Dieses —i aber verwandelte das u zu v, und so haben wir mit Metathesis des r und a gra—vi—s. Jedes griechische Adjectiv auf —υς wird also im Latein. zu —vis. Curt. 433; Bopp 118 a.

βραδ—ύ—ς 3. langsam. Skr. Wzl. mrd. Curt. 110, 216, 623. Bopp 289 a, 301 b, 303 b.

βρι—ϑ—ύ, gewuchtig. Es ist wahrscheinlich eine Weiterbildung aus dem Stamme βαρ in βαρύς. βαρ, βρα, βρι, βρι+ϑ+υ. Ein ursprüngliches a wird in allen indo-germanischen Sprachen häufig zu i geschwächt. Curt. 434.

γλυκ—ύ—ς 3. süss. lat. dulci—s. Wechsel des d mit γ und Umstellung des λυ in ul. Curt. 434, 670.

δασ—ύ—ς 3. dicht, gedrängt. densu—s hat die Silbe nasalirt und ist ohne Suffix. Curt. 219. Bopp 177 β.

ευρ—ύ—ς 3. breit. Wzl. im Skr. var, bedecken, ur—u—s = var—u—s, gleichbedeutend mit εὐρύς. Dieses heisst demnach bedeckend, einen Raum überspannend, woraus sich leicht die Bedeutung „weit" und „breit" ergibt. varna heisst im Skr. Farbe, weil die Körperfarbe den ganzen Körper bedeckt, sich über den ganzen Körper erstreckt. Curt. 72, 323; Bopp 59 a.

ἡδ—ύ—ς 3. süss, angenehm. ἡδύς steht für σϝαδ—ύ—ς. Für σ trat der spiritus asper ein, ϝα wurde zu η. Für σϝαδύς müsste im Lateinischen eintreten svad—vi—s. Das d wurde durch das Consonant gewordene v verdrängt, und ἡδύς und suavis sind sich in Folge der Lautgesetze ziemlich unähnlich geworden. Fast ganz unkenntlich ist das deutsche „süss", welches aber dessenungeachtet mit ἡδύς und suavis der Form und der Bedeutung nach identisch ist. Ueber ἡδύς Curt. 214, 219, 532, 635. Bopp 546, 423 b, 439 b.

ἠΰς oder ἐΰς, eigentlich ἐσ—ύ—ς. Wzl. as im Skr.; ἐσα im Grie-

chischen, es im Lateinischen; is, woraus unser is—t. Diese
Wurzel bedeutet „sein", aber als bleibendes Sein, weswegen es
zur Darstellung des Präsens dient. as—ti, ἐσ—τί, es—t, is—t.
ἐσ—ύ—ς heisst somit das Bleidende, Dauernde, womit man
dann in der Folge den Begriff „gut, tüchtig" verband. Curt.
350, 351; Bopp 421 a.

ἰ—ϑ—υ. Dieser Stamm erscheint in Homer in der Form ἰϑύς,
adverb.; ἰϑύν Acc. Masc.; ἰϑεῖα Nom. Femin. Der Stamm ist
aus der Wurzel —ι, gehen, gebildet, wie βαϑυ aus βα. Somit
ἰ:ἰ—ϑυ = βα:βα—ϑυ. Der Sinn des Wortes ist „gehend,
losgehend, auf etwas gerichtet, gerade". Wir haben es also
mit einem Adjective zu thun. ἰϑύς ist Adverb wie ἐγγύς, aus
ἰϑύ—ϑι entstanden; ἰϑύν ist nur substantivirtes Adjectiv, wie
man sich aus der Vergleichung der angegebenen Stellen über-
zeugen kann, und es ist vielleicht νόον zu ergänzen in π 304:
ἀλλ' οἷοι σύτ' ἐγώ τε γυναικῶν γνώομεν ἰϑύν, aber wir allein,
du und ich, wollen den geraden Sinn, die Gesinnung der (die-
nenden) Frauen erforschen. So ist auch ἰϑεῖα substantivirtes
Adjectiv, wobei man δίκη zu ergänzen hat.

ἱ π π ό — δ α σ — υ — ς, dicht mit Rosshaaren besetzt. Vgl. das einfache δασύς.

ϑ α μ ύ ς, dicht, gedrängt. Vermuthlich zu schreiben ϑα—μύ—ς.
Davon unter B.

ϑ ρ α σ — ύ ς, dreist, verwegen, kühn. Stamm ϑρασα, ϑαρσα, ϑαρρα
in ϑαρρέω, muthig sein; ϑάρσος, Stamm ϑαρσε—σα, Muth. Curt.
241, 242. Zu ϑράσος (ϑάρσος). Bopp 199 b.

κ ρ α τ —ύ—ς, stark, kräftig, unbezwinglich. Skr. krat—u, Goth. hard—
us; Stamm κρατ, weiter gebildet aus κρα, κερα; andere Weiterbildungen κρανα, Präs. κραίνω, vollende. Wzl. ist wohl das Skr.
kar, machen, thun. Dürfte man nicht κρα—τύ—ς = καρ—τυ—ς
abtheilen? Curt. 174. Zu κράτος, Stamm κρατ—ες Bopp 94 b.

(ἐ) λ α χ — ύ — ς, in Homer nur λαχεῖα. λαχύς = lat. leg—vis – levis,
leicht, gering, unbedeutend. Curt. 181, 273, 440, 450, 531,
674, 677. Bopp 324 a, 329 a.

λ ι γ — ύ — ς, helltönend. Curt. 340.

μ ε λ ί — γ η ρ υ — ς, süsstönend, eigentlich Honigstimme habend.
Vgl. γῆρυς.

μ ῶ λ — υ — ς, verwandt mit μαλακός. Skr. mrd—ʀ—s, lat. mollis
aus mold—vi—s, molvis. μῶλυς auch anstatt μολδ—υ—ς. Bei

Homer kommt nur μῶλυ vor, κ 305, und ist der Name jener Pflanze, welche Hermes dem Odysseus gab, der die Kraft innewohnen sollte, die Zauberkünste der Kirke zu vereiteln Nach Theophr. hist. plant. 9, 5. 17, Diosk. 3, 54, allium nigrum Gouan. eine Art Knoblauch. Seiler sub voce μῶλυ. Curt. 304, 548.

ὀ ξ ύ ς 3. scharf, durchdringend. Wzl. Skr. oks, Weiterbildung aus ok. Somit gehört es zu ὄψις (ὀπ—τι—ς, ὀκ—τι—ς), ὄψις (ὀπ—ϝι—ς = ὀπ—ϝι—ς) und ὠκ—ύ—ς. Curt. 127; Bopp 39 b.

π α χ — ύ — ς, 3. dick, fett, fleischig. Skr. bahus. Wzl. παγα in πήγνυμι, befestigen. Curt. 219, 473, 486. Bopp 264 a.

,π λ α τ — ύ — ς 3. breit, ausgedehnt. Zunächst von Wzl. πλατ, was wohl nur eine Erweiterung der Wurzel πλα ist, und gehört somit zu πόλις, πολύς, πληθύς. Man könnte auch πλα—τύ—ς vermuthen. —τυ —το; und πλα—τές hiesse dann auszufüllend — Raum beanspruchend, wie εὐρύς von var, bedecken. Curt. 199, 203, 261, 461. Bopp 247 a.

π ο λ ύ — δ α κ ρ υ ς, viele Thränen habend, verursachend; zu πολύς.

π ο λ — ύ — ς 3. viel. Wzl. πλα. Dieser Stamm wurde dann durch —ο weiter gebildet zu πολ—ϝ—ο πολλο, und kommt als solcher schon bei Homer stets im Femininum vor; aber auch zur Bildung des Masc. wurde πολλο verwendet, und im Attischen haben wir nur mehr πολύς, πολύν, πολύ, während alles Uebrige von πολλο gebildet wurde. πολλο = πολ'—ϝο ist der ursprüngliche Stamm, wurde aber im einzelnen Casus seines Vocales zum Theil oder ganz verlustig. Curt. 212, 264, 373, 633. Bopp 244 b.

τ α ρ φ — ύ — ς 3. dicht, häufig. Wzl. ταρφα = τραφα, τρεφα Curt. 240.

τ α χ — ύ — ς 3. schnell, behende. Skr. tak—u—s, eilend, tak—van, der Vogel. Curt. 185, 462.

τ ρ η χ — ύ — ς 3. Sonst τρᾶχ—ύ—ς, rauh. roh. uneben. Wzl. τραχα := τραγα. Diese Wurzel wird im Praes. τρώγω mit dem Vrddhi behaftet; Aorist. ἔ—τραγο—ν. τραγα ist aber Weiterbildung aus der einfachen Wurzel ταρα, τερα in τείρω. Hieher gehört auch τρύω, Wzl. τρυ, τυρα (Verdumpfung des α zu υ). τρώω ist aus τρυ gebildet, wie πλώω aus πλυ. Aus πλυ wurde πλεϝω, (Curt. Schulgrammatik §. 248 Anm.) πλέω. Aus πλεϝα wurde πλόϝος, wie λόγος aus λέγω. Zu letzterem Stamme gehört πλόϝω = πλώω. So auch τρώω und τρύω. Die Wurzel τρυ durch χα weitergebildet, gibt τρυχα in τρύχω. Unsere

Wurzel τραγα ist also auch τρα—γα. τρώγω heisst nagen, reiben, zerreiben. τρηχ—ύ—ς somit nagend, zerreibend, rauh. Curt. 681.

ὠκ—ύ—ς, schnell, behende. Wzl. ὠκα, aus ὄκα durch Vrddhi. Curt. 180. Bopp 39 b.

ἐγγ—ύ—θεν, ἐγγ—ύ—θι, ἐγγ—ύ—ς. Stamm ἐγγ—υ, stimmt zu angu—stus, enge = nahe. Curt. 180, 479.

B. Das Suffix „Consonant +υ".

δρι—μύ, scharf, durchdringend. Wenn die Zerlegung in δρι—μυ richtig ist, so dürften wir in dem ersten Theile δρι eine durch die Lautgesetze veranlasste Aenderung des Stammes δρυ vermuthen, welches, wie wir gesehen haben, ursprünglich im Allgemeinen „Baum" bezeichnete, im Griechischen aber nur mehr Eiche bedeutet, deren Holz unter allen Holzarten das festeste, dauerhafteste ist. δριμύ würde dann bezeichnen: mit Eichenholz-Festigkeit versehen, sehr fest. Man vergleiche die volksthümliche Ausdrucksweise „baumstark" nicht blos „sehr stark", sondern „ungemein stark". Was aber ungemein fest ist, das wird, auf andere Körper einwirkend, für diese durchdringend sein. Und δριμύ heisst nach Seiler (sub voce δριμύ) durchdringend, scharf, stechend, schneidend; dann heftig, hitzig, je nach dem Begriffe, mit dem es verbunden wird.

ἥμι—συ—ς, ganz gewiss. ἥμι—τυ—ς. - τυ—το. Bedeutung wäre dann in gleiche Theile, in Hälften theilbar, getheilt, halbirt, halb. Das einfache ἡμι— haben wir oft als ersten Theil bei einem Compositum: ἡμι—όλιον; ἡμι—όνος; ἡμι—στίχιον. Curt. 303. Bopp 418 a.

θα—μύ—ς, nur im Plural gebräuchlich, bedeutet gedrängt, dicht. Wzl. wahrscheinlich Skr. dha; Griech. θε setzen, stellen. θαμύς demnach gestellt, gesetzt, dicht gestellt, gedrängt gestellt.

θῆ—λυ—ς 3. weiblich. Wzl. θα, θη, Hom. θῆσθαι, melken. Skr. dha dha—jā—mi, trinke, sauge. Man könnte aber θῆλ—υ—ς aus Wzl. θαλα in θάλλω, blühen, vermuthen, und θαλα als Weiterbildung aus θα. θῆλ—υ—ς würde dann heissen: blühend, schön. Und wie unser deutscher Ausdruck, das „schöne Geschlecht" ausschliesslich das „weibliche Geschlecht" bedeutet, also in dieser Verbindung schön = weiblich, so könnte auch θῆλυ—ς schön zur Bedeutung „weiblich" gelangt sein. Curt. 237. Bopp 205 a.

Capitel VI.
Bemerkungen über die einzelnen Suffixe.
A. Das Suffix —τυ.

Wie wir aus der Zusammenstellung βρῶσις und βρωτύς sehen, begegnen sich diese beiden Wörter nicht nur in der gleichen Wurzel, sondern auch in der Bedeutung der Suffixe —τι und —τυ. Nach Schenkl stünde βρωτύς näher dem βρῶμα, und würde also das Concrete, das durch die Handlung Erzweckte ausdrücken. Es ist wahr, dass die Suffixe —τι und —ματ in den beiden Wörtern ποίησις und ποίημα weit von einander abstehen, weil ποίησις die Kunst des Schaffens, ποίημα das Geschaffene ausdrückt. Wir haben bereits beim Suffixe —τι bemerkt, wie es sich manchmal ganz in die Sphäre des Suffixes —ματ einschleicht. Aber wir haben bei der Behandlung der mit —τυ gebildeten Wörter fast immer die Bedeutung der abstracten Handlung gefunden, und Seiler gibt sub voce βρωτύς an: das tüchtige Essen, Schmausen. So auch Ameis und Döderlein. Wir finden also die Bedeutung des —τυ und des —τι gleich, und dürfen auf gleichen Ursprung dieser Suffixe aus ursprünglichem —τα schliessen. Nur ist τυ = τα—Fα, und τι = τα—ja. Uebrigens ist das einfache Suffix —τυ in der spätern Sprache sehr selten geworden. ἄστυ hat sich von seinen Brüdern, resp. Schwestern getrennt, indem es Neutrum ist, während die andern weiblich sind, und in der Declination hat es die volle Form ἀστεFα bewahrt, was die übrigen nicht aufweisen. Anstatt des einfachen —τυ wird aber ein aus —τυ weitergebildetes Suffix —συ—να = τυ—να Nom. σύνη verwendet. δικαιο—σύ—νη; σωφρο—σύ—νη u. s. w.

Anm. συνα = σα—να, bei dem der erste Vocal zu υ verdumpfte. Vergleiche —τερ, —τηρ, —τορ, —τυρ, und auch ἄγυρις, ἀγορά, γῆρις, ἀγείρομεν, d. i. ἀ—γερ—jο—μεν.

Im Lateinischen besteht das Suffix —tu noch und bildet Substantive, mit abstracter Bedeutung: audi-tu—s, das Hören, Gehör; luc—tu—s, das Trauern, die Trauer; gus—tu—s, das Schmecken, der Geschmack; tac—tu—s (tag—tu—s), das Fühlen, Gefühl u. s. w. —tu scheint identisch zu sein mit —τυ, aber es bildet Masculina, während die mit —τυ gebildeten Feminina sind. Das mit —τυ vollkommen identische —tu besteht auch im Lateinischen nur mehr als erster Theil längerer Suffixe, welche Feminina bilden, nämlich in —tuti und —tudini. Nom. tus und tudo. vir—tu—ti, Nom. virtus; servi—tu—ti, Nom. servitus: pulchri—tu—dini, Nom. pulchritudo; con—sue—tu—dini, Nom. consuetudo, und unzählige Beispiele dieser Art. Das lateinische senecta (Stamm senec—ta), gleichbedeutend mit den Nebenformen senec—tus (Stamm senec—tu—ti), weist uns hin auf die Verwandtschaft, vielleicht Identität, von —tu und —ta.

Wenn die Erklärung von ἥμισυς als ἡμιτύς richtig, und die Vermuthung über πλα—τύς gegründet ist, so hätten wir —τυ, —το. το weist aber auf ein indogermanisches —ta hin; dieses —ta hätte sich aber schon vor der Sprachentrennung in —ta, —ti, —tu gespalten und zur Bezeichnung verschiedener Relationen gedient. —ta ist im Skr. neben —na das Suffix zur Bildung des Particip. Perf. Pass. uk—ta—s gesprochen (vak—ta—s) u. s. w. —ti bildet Nomina agentis, wie in pa—ti—s, griech. πόσις, Beschützer u. s. w.; aber auch Abstracta ga—ti—s, der Gang, das Gehen. Wzl. gam, gehen. —tu bildet Abstracta, die im Acc. Sing. als Infinitiv, im Instrumentalis als Gerundium. kar—tum. krtvā aus Wzl. kar (kr) machen.

Só auch im Griechischen —τυ, —τι, —τα. Lateinisch —tu, —ti, —to (tus, ta, tum). Im Deutschen, wo die Endvocale alle zu tonlosen —e abgeschwächt, oder ganz und gar verschwunden sind, ist in allen diesen Fällen nur —t. Fruch—t = Latein. fruc—tu—s; Gast = Latein. hos—ti—s (hospes); Fluch—t; Griech. φύξις φυγ—τι—ς; ge—lieb—t, Latein. ama—tu—s, —a, —um; griech. φιλη—τό—ς, ή—, ό—ν.

B. Das Suffix —υ.

Dieses Suffix scheint ursprünglich nur Adjective gebildet zu haben, die der Bedeutung nach dem Particip. Praes. ziemlich nahe standen, z. B. ἡδύς, das Schmeckende, ἐύς, das Seiende, Bleibende, τρηχύς, das Nagende, Zerreibende. Diese sind noch jetzt Adjective. Aber auch γῆρυς und στάχυς waren Adjective und bedeuteten: γῆρυς, das Tönende = die Stimme; στάχυς, das Stechende = Stachel. Der Accent in γῆρυς, στάχυς erinnert an die gewiss nicht ursprüngliche Verschiedenheit von πότος, der Trank (Substantiv), und ποτός, das zu trinkende (Verbaladiectiv). Wenn diese Adiectiva Determinativ-Composita sind, bleiben sie unverändert. ἀμφίδασυς = δάσυς. Aber bei Possessiv-Composita tritt anstatt des Suffixes —ν das Suffix —ες ein.⁴³) ὠκύς = ὠκ—υ—ς; aber ποδώκης = ποδ—ωκ—ες+ς. Aehnlich οἰνοβαρής οἰνο—βαρ—ες—ς gegenüber βαρύς βαρ—ύ—ς. Das Grundwort (das letzte Wort) in solchen Composita ist also in der Regel ein Substantiv. Darum kann das υ stehen bleiben in ἐννεάπηχυς, διωκαιεικοσί—πηχυς, weil πῆχυς Substantiv ist. Die Stämme auf —ι bleiben auch in der Composition unverändert: ἐρυσίπτολις wie πτόλις, πολύμητις wie μῆτις, χρυσόρραπις wie ῥάπις.

C. Die Suffixe —μυ, —νυ, —λυ, —ρυ.

Mit —μυ sind nur gebildet die etymologisch unsicheren δρι— —μύ und θα—μύ—ς.
Mit —νυ: θρῆ—νυ—ς und ἐρι—νύ—ς.
Mit —λυ: ἔγχε—λυ—ς und ἀχ—λύ—ς.
Mit —ρυ nur δάκ—ρυ.

—μυ ebenso wie μι, das in Homer zwei Substantive bildet, δύνα—μις, φῆμις, gehört zu dem Substantive und Adiective bildenden Suffixe —μο (μος, μη, μον). ὅρμος, der Ankerpunkt (Schwebepunkt, Schwebung); πόλεμος, σταθμός; τιμή, Wzl. τι; Adjective χρήσιμος, φύξιμος u. s. w.

—νυ - - —νο. Das geht hervor aus θρῆ—νυ—ς, θρᾶ--νο—ς, θρό—νο—ς. —ρυ - —ρι - —ρο. δάκ—ρυ (ὕδωρ) Wasser, welches die Eigenschaft des Beissens in sich hat; ἴδ—ρι—ς mit der Eigenschaft des Sehens, Erkennens begabt; λυπ—ρό—ς, mit Trauer begabt. —λυ —λι - —λο. ἀχ—λύ—ς, mit Kummer begabt. Kummer in sich schliessend; ψύξηλις, Flucht in sich schliessend = feige; δει—λό—ς, Furcht in sich schliessend, furchtsam, feige.

Also auch diese Suffixe führen uns auf gemeinschaftliche Urformen —ma, —na, —ra zurück.⁴⁴)

Bei den Suffixen —υ und —ι lässt sich auf Abfall eines a schliessen; denn στάχυς heisst ebenso „die Eigenschaft des Stechens habend", wie ἵππος, d. i. ἰκ—ϝο—ς. skr. aç—va—s, „die Eigenschaft des Scharf-, Schnellseins habend". Und die Nebenform κονίη (Stamm κονια) zu κόνις (Stamm κονι) zeigt uns das ursprüngliche a erhalten, in κόνις ist es abgefallen.

Die Suffixe —ι und —υ steigern gerne den Vocal der Wurzel, z. B.: δῆρ—ι—ς, Wzl. δερα, δαρα;
μῆν—ι—ς, Wzl. μανα;
πόλ—ι—ς, Wzl. πλα;

γῆρ—υ—ς, Wzl. γαρα;
ἰλ—ύ—ς, Wzl. Ϝαλα, Ϝελα, Ϝιλα;
στάχ—υ—ς, Wzl. gr. στιχα;
ἧῦς (ἧσ—υ), Wzl. ἀσα;
μῶλ—υ—ς, Wzl. μαρδα, μαλδα;
τρηχ—ύ—ς, Wzl. τραγα;
ὠκ—ύ ς, Wzl. ἀκα.

Aber oft wird auch der Wurzelvocal nicht gesteigert. Man sehe: γένυς, νέκυς, βαθύς, βραδύς, παχύς, ταχύς.

———✕———

Anmerkungen.

[1] (S. 1.) Diese Arbeit wurde nämlich in den Ferienmonaten August —September 1873 gemacht.

[2] (S. 2.) Damals hatte ich das Buch „Pape's Eigennamen" noch nicht zur Verfügung.

[3] (Nom. Sing. S. 2.) Da mir damals noch nicht vollkommen klar geworden war, dass die betreffenden Stämme durch das Suffix - jα gebildet seien, von welchem Suffix im Nominativ Sing. das α verloren gieng, und auch ebenso der Vocal des Stammwortes; so nannte ich naturgemäss Formen wie πολι-, ἀνυσι u. s. w. Stamm, während der eigentliche Stamm wäre: πολα-jα, ἀνυ-σα-jα, woraus nun πολε-jα, ἀνυσεjα für die obliquen Casus wurde. Denn πόληος, ἀνύσεως sind πολε-jο-ς, ἀνυ-σε-jο-ς. Nur das blosse ς ist Zeichen des Genitivs. Im Nom. Sing. wurde aus πολαjα, πολ'-ι durch Abwerfung des Vocals α, der dem Suffixe, und Ausstossung jenes Vocals α, der dem Stamme des Grundwortes angehört. Somit ist πόλι verkürzt aus πολαjα und nimmt in dieser Form das Zeichen des Nom. Sing. Masc. an, nämlich ς, während sonst das Feminin dieses Zeichen nicht bekommt. Nom. μοῖρα, Stamm μορ'-jα.

[4] (Gen. Sing. S. 3.) Die Casusendung ist nur blosses ς. Vide Note [3]).
Auch das Umspringen der Quantität von πόληος zu πόλεως, Μενέλᾱος zu Μενέλεως fasse ich jetzt anders. πολε-jο-ς gibt, wenn das j im ersten Vocale ersetzt wird, πόληος εj - η; aber πόλεως, wenn das j im zweiten Vocale ersetzt wird. jο ω. λύσιος theile ich jetzt: λῠ-σ'-ιο-ς, aus λῠ-σα-jα-ς durch die Mittelformen λῠ-σε-jο-ς, λῠσ'-jο-ς entstanden.

(Dat. Sing. S. 3). Die ursprünglichste Form für diesen Casus, der ein Locativ ist (da ja Locativ und Dativ nahe verwandt waren, -ι für ersteren, -αι für letzteren), ist $\pi o \lambda a$-$j a$+ι. Bei Anfügung einer vocalisch anlautenden Silbe wurde naturgemäss der vocalische Auslaut des Stammes abgeworfen, somit $\pi o \lambda a$-j'-ι. Vor j wurde a zu ε geschwächt, somit $\pi o \lambda \varepsilon$-$j'$-$\iota$, und aus dieser Form nun wurde entweder durch ε+j = η $\pi \acute{o} \lambda \eta \iota$, oder durch j+ι = $\bar{\iota}$ $\pi o \lambda \varepsilon \bar{\iota}$ mit Verkürzung des Schlussvocales $\pi \acute{o} \lambda \varepsilon \ddot{\iota}$ und durch Contraction $\pi \acute{o} \lambda \varepsilon \iota$.

Das ε des Stammes konnte ganz wegfallen, und wir haben statt $\pi o \lambda \varepsilon$-$j$-$\iota$ nun $\pi o \lambda'$-j-ι, $\pi o \lambda'$-ι-ι und endlich $\pi \acute{o} \lambda \iota$.

(Acc. Sing. S. 4.) Ueber die Bildung des Acc. Sing. siehe die des Nom. Sing. $\pi o \lambda a$-$j a$-ν, $\pi o \lambda \varepsilon$-$j a$-$\nu$, $\pi o \lambda \varepsilon$-$j$-$\nu$, $\pi \acute{o} \lambda'$-ι-ν.

(Voc. Sing. S. 4.) Der Vocativ Sing. erhält die Verstümmlung wie der Nom. und Acc. Sing. $\pi \acute{o} \lambda \iota$ statt $\pi o \lambda a$-$j a$.

(Nom. Plur. S. 4). Zeichen des Nominatives Plur. war ursprünglich ς+ς. Man vergleiche m : ms; ν : $\nu \varsigma$, für den Acc. Sing. und Plur.

Somit ist die ursprüngliche Form dieses Casus $\pi o \lambda a$-$j a$-ς, da man zwei s am Ende nicht schreibt. Aus $\pi o \lambda a$-$j a$-ς wurde $\pi o \lambda \varepsilon$-$j \varepsilon$-$\varsigma$ und der Vocalwechsel hat den Unterschied von $\pi o \lambda \varepsilon$-$j o$-$\varsigma$ (Gen. Sing.) deutlich gekennzeichnet.

Machte man nun ε+j = η, so gab es die Form $\pi \acute{o} \lambda \eta \varepsilon \varsigma$. Mit Ausfall des j hätte $\pi \acute{o} \lambda \varepsilon \varepsilon \varsigma$ und $\pi \acute{o} \lambda \varepsilon \iota \varsigma$ werden können, aber Homer gebrauchte diese Formen nie.

Dafür aber $\pi \acute{o} \lambda \iota \varepsilon \varsigma$, d. i. $\pi o \lambda'$-$j \varepsilon$-ς.

(Gen. Plur. S. 4.) Die volle Casusform wäre $\pi o \lambda a$-$j a$-$\omega \nu$. Da die Casusendung vocalisch beginnt, musste, wie im Dat. Sing., der Vocal des Suffixes $j a$ fallen, und wir dürften erwarten $\pi o \lambda a$-j-$\omega \nu$ oder $\pi o \lambda \varepsilon$-$j$-$\omega \nu$. ε+j = η gäbe dann $\pi o \lambda \eta \omega \nu$. Aus dieser Form oder durch Ausfall des j ist die attische Form $\pi \acute{o} \lambda \varepsilon \omega \nu$ zu erklären. Homer aber gebrauchte nur die auf $\iota \omega \nu$. $\pi o \lambda \iota \omega \nu$, d. i. $\pi o \lambda'$-j-ω-ν $\pi o \lambda'$-ι-$\omega \nu$.

(Dat. Plur. S. 5.) Als ich den vorliegenden Text schrieb, war ich auch noch geneigt, einen Bindevocal anzuerkennen. Aber durch fortgesetzte Studien über die griechische Wortbildung kam ich zur Ueberzeugung, dass der Bindevocal nur „ein Sack ist, in den man alles hineinsteckt, was man nicht erklären kann" oder will, wie Curt. Grdz. 4. Aufl. S. 599 Anm. trefflich sagt.

Die Endung ist -σσι für -σϝι. Diese Endung ist die des Locativs. Die ursprüngliche Form wäre also $\pi o \lambda a$-$j a$-$\sigma \sigma \iota$. Daraus würde werden $\pi o \lambda \varepsilon$-$\iota \varepsilon$-$\sigma \sigma \iota$, $\pi o \lambda \iota \varepsilon \sigma \sigma \iota$. Aber diese Form kommt bei Homer nicht vor. Homer hat $\pi o \lambda \iota \varepsilon \sigma \sigma \iota$, d. i. $\pi o \lambda'$-$j \varepsilon$-$\sigma \sigma \iota$. Anstatt σσ wurde auch σ gebraucht: ὁ-ιε-σι (οἴεσι). Endlich konnte auch das j fallen, und es gab $\pi o \lambda'$-$(j) \varepsilon$-$\sigma \iota$, die Homer beim Worte ἐπάλξεσι verwendet.

¹¹ (Acc. Plur. S. 5.) Die volle Endung ist ms, gr. νς. Weil aber ν eine unbeliebte Lautgruppe ist, so wurde das ν ausgeworfen, πονο-νς zu πόνοις; πολιτά-νς zu πολίτας, oder ganz vernachlässigt wie in δήμοτάς statt δήμοτάς. Dieser Fall trat nun bei jenen verstümmelten Stämmen ein, die wir consonantische nennen. φύλακα-νς zu φύλακα-ς. Stamm nicht φύλακ (φύλαξ), sondern φυλακα. Somit wäre die volle Casusendung hier κολα-ja-νς (πολε-ja-νς). Mit Vernachlässigung des ν πολε-ja-ς, woraus durch εj = η die Endung πόλης entstand. πόλιας ist πολ'-ja-ς. Aber die Analogie betrachtete die Stämme auf ι (ja) als gleich mit denen auf α, somit πολιτα-νς : πολίτας = πολι-νς : πόλις.

Zu ἐπάλξεις gelangt man von ἐπαλξε-ja-ς durch ἐπαλξε-j-ς, ἐπάλξεῖς, oder durch falsche Analogie ἐπαλξε-νς; und πολενς : πόλεις = πολι-νς : πόλις.

¹² (S. 7, Zeile 4.) Dieses Suffix ist nicht i noch ϊ, sondern ja, welches in vielen Fällen mit δα abwechselt. Nur ist der Vocal des Stammwortes vor -δα immer ι. φιλο-πόλι-δ-ος Gen. zu Nom. φιλόπολις. Ob es aber nothwendig sei, dieses δα aus ja durch die Mittelstufe δja entstehen zu lassen, dürfte für den Inlaut sehr in Frage gestellt sein. Im Anlaut lässt sich dieser Vorgang nicht leugnen. Denn skr. juga-m, lat. iugu-m steht griech. ζυγό-ν (δj, = ζ) gegenüber. Italienisch giogo.

Ich betrachte vielmehr Nebenformen wie Πάρις und Πάριδο-ς als Παρ'-jo-ς und Παρι-δο-ς. Das Suffix jo stiess den Vocal des Stammwortes aus, das ihm verwandte —δο erhielt denselben als ι.

¹³ (S. 8.) Das Suffix ist hier durchgehends -Fa, das den Vocal des Stammwortes entweder beibehält, oder ausstösst, und das entweder immer, oder nur in einzelnen Casus.

¹⁴ (S. 8.) Die Abtheilung a, b, c (α, β), d wird beibehalten. Der Nominativ sollte eigentlich sein: σα-Fα-ς, ἀγλα-Fα-ς, γηρα-Fα-ς, πελεκα-Fα-ς. Aber hier wird regelmässig das α des Suffix -Fα weggeworfen, und F zu υ. Wird nun das α des Stammwortes beibehalten, so haben wir Nominativ αυ-ς in ναῦς und γραῦς. Verdumpft es zu ο, so haben wir βοῦς (Gen. βο-Fό-ς). Verflüchtigt es zu ε, so haben wir jene Nomina auf -εῖς, wie γονεύς, γραφεύς, νομεύς, τοκεύς u. s. w. Dieser Vocal schwindet mit Hinterlassung der Ersatzdehnung in σῦς, ἀχλῦς; fällt vollständig aus in γήρυς, πέλεκυς.

Es ist also: νεκα-Fα-ς : πολα-ja-ς = νέκυς : πόλις.

¹⁵ (Gen. Sing. S. 9.) Ursprünglich wäre der Genitiv α-Fα-ς und würde dem Nominativ eben so gleichen, wie Gen. facili-s dem Nom. facili-s. Der Grieche vermied dieses, indem er den Vocal des Suffixes beibehielt, ihn aber zu ο verdumpfte. Wir haben also: να-Fο-ς (νᾱός), weil αF ᾱ); βο-Fο-ς (βοός, Ausfall des F); γονε-Fο-ς (γονῆος oder γονέως); ἀστε-Fο-ς (entw. ἄστεος od. ἄστεως). Endlich δρυός, ἀχλύο-ς, νέκυο-ς für δρ'-Fo-ς, ἀχλ'-Fo-ς, νεκ'Fo-ς.

⁶ Dat. Sing. S. 9.) Vor dem ι des Dativs (Locativs) fiel naturgemäss das α des Suffixes -ϝα, und ϝ wurde entweder mit oder ohne Ersatz ausgeworfen, oder es verdrängte den ihm vorhergehenden Vocal. Daher να-ϝ'-ι (νη-ί, weil αϝ = η).
βo-ϝ-ι (βοΐ; ϝ ausgeworfen).
γονε-ϝ'-ι (γονῆι oder γονέι entweder εϝ = η oder ϝι = ῑ).
δρ'-ϝ'-ι δρυί;
ἀχλ'-ϝ'-ι = ἀχλύϊ = ἀχλυῖ.

⁷ Acc. Sing. S. 10.) Siehe den Nom. Sing.

⁸ (Dual. S. 10.) Auch der Nom. Acc. Voc. Dual hat kein Casuszeichen mehr, sondern den blossen Stamm, dessen α zu ε verflüchtigt ist.

⁹ (Nom. Plur. S. 11.) Die Endung ein blosses ς.
δρ'-ϝε-ς = δρύες;
ἐριν-ϝε-ς = ἐρινύες;
βοτρ'-ϝε-ς = βύτρυες;
ἀστε-ϝα = ἄστεα.

Im Neutr. Plur. haben wir kein Casuszeichen, sondern den reinen Stamm.

²⁰ (Gen. Plur. S. 10.) Die Endung ist ων. Somit muss aus ϝα = να blosses υ werden. In πελέχεων, d. i. πελεχε-ϝ'-ων ist das ϝ ausgefallen, dafür aber das ε als geschwächtes α des Stammwortes geblieben.

²¹ (Dat. Plur. S. 11.) Die vollständigen Formen wären: ναυσί, βουσί, ἀριστήεσσι = ἀριστε-ϝε-σσι. νεχε-ϝε-σσι. Daraus wird aber νεχ'-ϝε-σσι, d. i. νεχύεσσι. Fällt der Vocal aus, so gibt es νέχυσσι. σ für σσ gibt νέχυσι. πελέχεσσι für πελχ'-ϝε-σσι hat das ϝ eingebüsst.

²² (Acc. Plur. S. 11.) Ursprüngliche Form σα-ϝα-νς zu σ'-ϝα-νς (συανς). Hier konnte nun das ν fallen, und wir haben σύας. Aber es konnte auch das α wegfallen, und wir haben συνς, d. i. σῦς.

²³ (Adjectiv-Stämme. S. 11.) Bei den Adjectiven bleibt das ε, ausser in den der Verstümmlung am meisten anheimfallenden Casus Nom. Acc. Voc. Sing. Denn ἡδέος geht ganz nach γονέως (γονῆος), nur dass das ϝ ohne Ersatz ausfällt. ἡδε-ϝο-ς = ἡδέος. Sogar im Acc. Sing. hat Homer εὐρέα, d. i. εὐρε-ϝα(ν). Im Nominativ Sing. gibt es hier keine Ersatzdehnung mehr.
Das Neutrum hat zum Nom. Acc. Vocat. den verstümmelten Stamm.

²⁴ (Gen. Sing. S. 12.) Die Belege sind: εὐρέος, ἡδέος, παχέος, πολέος und ἐῆος. Letztere Form hat die Ersatzdehnung ἐε-ϝο-ς; εϝ = η, ἐῆος. Ursprünglich war es ἐσε-ϝο-ς; Verbalnomen ἐσα (ἔασι, d. i. ἐσα-ντι).

²⁵ (Dat. Sing. S. 13.) Ursprüngliche Form ἡδε-ϝα-ι, dann ἡδε-ϝ'-ι, endlich ἡδέ-ι, contrahirt ἡδεῖ. Homer gebrauchte gewöhnlich die offenen Formen.

²⁶ (Acc. Sing. S. 13.) Siehe Nom. Sing.

²⁷ (Dual. S. 13.) Reiner Stamm ἡδε-ϝε (ἡδέε), nur α zu ε geschwächt.

²⁸ (Nom. Plur. S. 13.) Endung blosses ς, vor dem das α des Suffixes zu ε geschwächt wird. ϝ fällt spurlos aus.
Die offenen Formen sind häufiger als die contrahirten. Aber auch βασιλῆες βασιλε-ϝε-ς, νῆες = να-ϝε-ς, βόες =βο-(ϝ)ε-ς.
²⁹ (Nom. Acc. Ntr. Sing. S. 13.) Reiner Stamm. βαθέα aus βα-θε-ϝα.
³⁰ (Gen. Plur. S. 14.) Siehe den Text selbst.
³¹ Dat. Plur. S. 14.) Ursprüngliche Form: πολε-ϝε-σσι, nach Ausfall des ϝ πολέεσσι; fiel auch noch das eine ε, so gab es πόλεσσι und πόλεσι.
³² (Acc. Plur. S. 14.) Ursprüngl. Form. πολε-ϝα-νς. Nach Ausfall des ϝ u. ν πολέας.
³³ (S. 15). Das damals von mir nur Vermuthete hat sich durch eingehenderes Studium bestätigt. Nur leitete ich ἡδεῖα aus dem Masculin ab, was nicht richtig ist. Denn während das Masculin sich des Suffixes -ϝα bedient, nimmt das Fem. -jα dafür. ἡδεῖα, also nicht ἡδεϝ-jα, sondern ἡδε-jα.
³⁴ (S. 15.) Auch ἀλήθεια ist nicht aus ἀληθεσ-jα entstanden, sondern anstatt des für das Masculin gebrauchten Suffixes -σα (ἀληθέ-σο-ς) nahm das Fem. sein Suffix jα, somit ἀληθε-jα = ἀλήθεια.
³⁵ (S. 16.) Das j konnte auch wegfallen, ὠκέα. Oder es wurde durch Ersatz gedehnt. βαθε-jα-ν =βαθέην (jα-η); ἑάων betrachte ich nicht mehr als Fem., sondern als Neutrum. ἐσα-ϝ-ων = ἑάων.
³⁶ (S. 25.) Das Suffix -τι (-σι) ist τα-jα, σα-jα. πραγ-σε-jο-ς = πράξεως, wie Suffix ματ = ματα. πράγ-μα-το-ς.
³⁷ (S. 26.) κίθαρις und κιθάρα sind ursprünglich gleich. κιθαρα-jα. Fiel das j, so gab es κιθαρᾱ = κιθάρα. κίθαρις hat den Gen. κιθαρε-jο-ς, zeigt also das Suffix jα.
³⁸ (S. 27.) Das Suffix „Consonant +ι" ergibt sich als μα-jα; ϝα-jα, λα-jα, ρα-jα, να-jα; wie aus φῆμις und φήμη nur zu klar hervorgeht.
Alle diese Suffixe sind Composita. Ein Suffix -α gibt es nicht. μι ist μα-jα, νι ist να-jα, ϝι ist ϝα-jα, τι ist τα-jα. τα ist einfaches Suffix; τορ, τηρ, τερ, eigentlich τορο-, τηρο-, τερο- Composita, statt τα-ρα.
³⁹ (S. 33.) Es gilt auch von diesen Suffixen -τυ, -λυ, -νυ, -ρυ, -μυ wieder, dass sie Composita sind. τα+ϝα; λα+ϝα, να+ϝα, ρα+ϝα, μα+ϝα. Siehe ἄστεως (ἀσ-τε-ϝο-ς). Vergleiche δακ'-ρ-υο-ν neben δακ'-ρ-υ. Freilich sind diese Suffixe bedeutend verstümmelt worden.
⁴⁰ (S. 34.) Es ist nicht richtig, dass das υ hier wurzelhaft sei, sondern es ist ebenfalls entstanden aus -ϝα. In δρῦς, Baum, Gewächs. ist eine einfachere Wurzel δαρα, in σῦς eine Wurzel σα enthalten; in ὀφρύς ist deutlich die Wurzel φερα zu erblicken.
⁴¹ (S. 34.) Dass auch in den Adjectiven auf -ύς das υ der Rest

eines Suffixes -ϝα ist, können wir am deutlichsten in βα-θε-ο-ς Gen. vom St. βαθύ ersehen. Wir haben hier die Wurzel βα und das Doppelsuffix θα-ϝα.

42 (S. 35.) Im Lateinischen hat die arge Verstümmlung weniger um sich gegriffen. Denn gra-vi-s für g(a)ra-vi-s hat nur das a des Suffixes va zu i geschwächt.
Sing. gra-vi-s, gra-ve, gra-vi-s, (gra-vi-i) gravi, gra-ve-m, (gra-vi-ed) gravi.
Plur. gra-ve-s, gra-vi-a, gra-vi-um, gra-vi-bus; (gra-ve-ns) graves, oder (gra-vi-ns) gra-vi-s, gra-vi-a, gra-vi-bus.
Nur der Nom. Acc. Voc. des Neutrums geht nach maria, d. i. ma-r(a)-ja. Und so haben wir statt grava hier gravia. Das Gleiche gilt von faci-li-s; der Plur. des Neutr. hat scheinbar ein doppeltes Suffix.

43 (S. 41.) ὠκύς und ποδώκης (Gen. ὠκέος und ποδώκεος, d. i. ὠκε-ϝο-ς und ποδ᾽-ωκε-σο-ς) unterscheiden sich nur dadurch, dass im einfachen Worte das Suffix -ϝα, und in dem Compositum das Suffix -σα verwendet wurde, ohne aber die Bedeutung zu ändern. Wechsel zwischen -σα und -ϝα haben wir in ἀληθε-σο-ς (contrah. ἀληθοῦς, Nom. ἀληθής) und ἀληθεύομεν, d. i. ἀ-ληθε-ϝο-μεν. Wechsel zwischen -σα und -jα in ἀ-πειθε-σο-ς (contrah. ἀπειθοῦς, Nom. ἀπειθής) und ἀπειθέομεν, d. i. ἀ-πειθε-jο-μεν.

44 (S. 41.) Also auch diese Suffixe sind nur Zusammensetzungen, ma-va, na-va, ta-va, la-va, ra-va, wie die früheren ma-ja, na-ja, ta-ja, la-ja, ra-ja. Hier haben wir auch θα-ϝα = θυ in βαθύς und ἰθύς. Da aber alle Suffixe nichts anderes ausdrücken, als Zugehörigkeit, und -ϝα und -jα oft in Einem Worte abwechseln, wie τυραννε-ϝο-μεν, τυραννε-jο-μεν (τυρραννεύομεν, τυραννέομεν), oft bei dem einen -ϝα, beim andern -jα gebraucht wird, wie ἀ-ληθε-ϝο-μεν von ἀ-ληθε-σα, ἀ-πειθε-jο-μεν von ἀ-πειθε-σα, so darf es uns nicht wundern, dass auch βρωτύς und βρῶσις gleiche Bedeutung haben können.

Was ich also über die Identität des κόνις und κονίη vor zwei Jahren vermuthend ausgesprochen hatte, das hat sich mir nun als sicher herausgestellt in jener Arbeit, die ich über die griechischen Wortbildungs-Suffixe geschrieben habe, und welche ich im folgenden Jahre durch den Druck veröffentlichen will.

I.
Verzeichniss der behandelten Wörter,
geordnet in alphabetischer Reihenfolge.

Die einzelnen Casus sind in ihrer gewöhnlichen Ordnung aufgeführt.

A. Stämme auf —ι.

A.

ἀγύρει	Π 661. Ω 141.	ἄγυρις
ἄγυριν	γ 31.	
ἄγρωστιν	Z 90.	ἄγρωστις
ἄϊδρις	κ 282.	
ἀϊδρεΐ	Γ 219.	ἄϊδρις
ἄκνηστιν	κ 161.	ἄκνηστις
ἄκοιτις	Γ 447. Z 350. λ 452.	ἄκοιτις
ἄκοιτιν	Z 374. Ω 537. α 39. γ 268. η 66.	
	λ 266. ν 42. σ 144. ω 193, 459.	
ἀκοίτῑς	κ 7.	
ἀκρόπολιν	ϑ 494, 504.	ἀκρόπολις
ἀνάβλησιν	B 380. Ω 655.	ἀνάβλησις
ἄνυσις	B 347.	ἄνυσις
ἄνυσιν	δ 544.	
ἄροσις	ι 134.	ἄροσις
ἄροσιν	I 580.	
ἄσιν	Φ 321.	ἄσις

B.

βόσιν	I 268.	βόσις
βούβρωστις	Ω 532.	βούβρωστις
βρῶσις	T 210, κ 176. μ 320.	βρῶσις
βρῶσιν	α 191. ζ 209, 246, 248. ν 72. ο 490.	

Γ.

γένεσις	Ξ 246.	γένεσις
γένεσιν	Ξ 201, 302.	

Δ.

δῆριν	P 158. ω 515.	δῆρις
δολόμητις	δ 525. λ 422.	δολόμητις
δολόμητιν	α 300. γ 198, 250, 308.	
δόσις	K 213. ζ 208. ξ 58.	δόσις
δόσιν	δ 651. σ 287.	
δύναμις	N 786. β 62. κ 69. υ 237. φ 202. ψ 128.	δύναμις
δυνάμει	Ψ 891.	
δύναμιν	N 787. γ 205.	

E.

ἑκατόμπολιν	B 649.	ἑκατόμπολις
ἔκβασις	ε 410.	ἔκβασις
ἔκλησιν	ω 485.	ἔκλησις
ἔπαλξιν	M 381, 397.	ἔπαλξις
ἐπάλξιες	M 424, 430.	
ἐπάξεσιν	X 3.	
ἐπάλξεις	M 258, 263, 308, 375.	
ἐπίκλησιν	H 138. Π 177. Σ 487. X 29, 506. ε 273.	ἐπίκλησις
ἐπίσχεσις	P 451.	ἐπίσχεσις
ἐρυσίπτολι	Z 305.	ἐρυσίπτολις

H.

ἧνιν	K 292. γ 382.	ἧνις
ἧνῖς	Z 94, 275, 309.	

Θ.

θέσπις	α 328. ϑ 498. ρ 385.	θέσπις

I.

ἴδρις	ζ 233. ψ 160.	ἴδρις
ἴδριες	η 108.	

K.

κάλπιν	η 20.	κάλπις
κίθαρις	Γ 54. α 159. ϑ 248.	κίθαρις
κίθαριν	α 153.	
κόνις	N 335. I 385.	κόνις
κόνῑ	Ω 18. λ 191.	
κόνιν	Σ 23. ω 316.	
κτῆσιν	E 158. Ξ 491. Σ 512. T 333. δ 687. η 225. ξ 62. τ 526.	κτῆσις
κύστιν	E 67. N 652.	κύστις

		A.	
λύσιος	Ω 655.		λύσις
λύσιν	ι 421.		
		M.	
μάντις	A 92, 384. α 202. ι 508. χ 538. λ 99, 191.		μάντις
μάντηος	χ 493. μ 267; früher μάντιος.		
μάντεϊ	N 69.		
μάντιν	A 62.		
μάντι	A 106.		
μῆνις	E 178. O 122. Φ 523.		μῆνις
μήνιος	γ 135.		
μῆνιν	A 1, 75. E 444. I 517. Λ 624. Η 711.		
	T 35, 57. β 66. ε 146. ξ 283.		
μῆτις	K 226. O 509. Ψ 590. ι 414. χ 193.		μῆτις
	β 279.		
μήτι	ψ 315, 316, 318. ν 299.		
μῆτιν	B 169, 407. H 47, 324. K 19, 137.		
	497. Λ 200. Ξ 107. P 634, 712.		
	Ψ 313. γ 18, 120. δ 739. ι 422.		
	ν 303, 386. τ 158, 326. ψ 125.		
μνῆστις	ν 280.		μνῆστις
		N.	
νέμεσις	Γ 156. Z 335. Ξ 80. α 350. β 136.		νέμεσις
	ι' 330 χ 40.		
νέμεσιν	Z 351. N 122.		
νήστιες	σ 370.		νῆστις
νήστιας	T 156, 207.		
		Ξ.	
ξύνεσις	ι 515.		ξύνεσις
		O.	
ὄϊς	Ω 125.		ὄϊς
ὄϊος	O 373. δ 764.		
οἰός	Ψ 408.		
ὄϊν	K 215. Ω 621. χ 524, 527. 572. λ 32.		
ὄϊες	Ψ 31. ι 184, 425, 431.		
ὀΐων	ξ 519. ν 3.		
οἰῶν	A 696. Σ 529. ι 448. μ 129, 226.		
	299. ξ 100. ν 142. ω 112.		
ὀΐεσσι	Λ 486.		

ὄεσσι	ι 418.	
οἴεσι	ο 386.	
ὄϊς	β 56. ι 244, 541. ρ 180, 535. υ 250.	
ὀμήγυριν	Υ 142.	ὀμήγυρις
ὀνήσιος	ᵠ 402.	ὄνησις
ὄφιν	Μ 208.	ὄφις
ὄψει	Υ 205. ψ 94.	ὄψις
ὄψιν	Ζ 468. Ω 632.	

Π.

παλίωξις	Μ 71.	παλίωξις
παλίωξιν	Ο 69, 601.	
παραίφασις	Δ 793. Ο 404.	παραίφασις
πάρφασις	Ξ 217.	πάρφασις
παράκοιτις	Σ 184, 365. Φ 479. γ 451. δ 228.	παράκοιτις
παρακοίτι	γ 381.	
παράκοιτιν	Ω 60. λ 298, 305, 580 ο 26. ᵠ 158.	
πάρδαλις	Φ 573. δ 457.	πάρδαλις
παρδάλιος	Ρ 20.	
παρδαλίων	Ν 103.	
πόλις	Β 373. Δ 18, 290. Ζ 152, 434. Δ 711. Μ 11, 15. Ν 14, 815. Ο 737. Π 69. Υ 60, 217. Ω 728. α 170. ε 101. κ 325. λ 14. ο 264. χ 230. ω 298.	πόλις
πόλιος	Β 811 (Bekker πόλεος). Ε 791. Ζ 364. Θ 505, 545. Δ 168. Ν 107. Φ 540, 563, 567, 608. Χ 456, 464. Ω 329. ζ 262. ϑ 524. ι 41. π 471.	
πόληος	Π 395, 549. Φ 516. Χ 110, 417. ζ 40, 263 π 383. ψ 121. ω 212, 308.	
πόληϊ	γ 50.	
πόλει	Ε 686. Η 345. Ω 706. ζ 9. ϑ 569. ν 152, 158, 177, 183. Bekker schreibt πόλῑ statt πόλει.	
πόλιν	Δ 19, 129, 366. Β 12, 29, 37, 66. 329, 367, 677, 730. Δ 4, 40. Ε 473, 489, 642. Ζ 41, 415. Θ 52, 522. Ι 188, 412, 530, 593. Λ 82. Ν 625. Ξ 88, 230, 251, Π 57, 153. 708, 830. Ρ 144, 737. Σ 288, 454, 509. Τ 296. Φ 4,	

4*

	446, 584, 611. *X* 165, 434. *Ψ* 835.	
	Ω 245. *β* 154. *γ* 85, 130. *δ* 174,	
	176, 246, 249. *ε* 107. *ζ* 3, 114, 177,	
	191, 195, 298. *η* 18, 26. *Θ* 516. 555.	
	ι 10, 265. *κ* 13, 39, 416. *λ* 510, 533.	
	ν 316. 323. *ξ* 43, 241, 265. *ο* 37, 40,	
	409, 553. *ϱ* 6, 10, 201, 434. *ω* 536.	
πόλινδε	*E* 224. *Z* 86. *N* 820. *α* 189. *η* 14,	
	ξ 26, 372. *ϱ* 182, 185, 375.	
πόλιες	*ο* 412.	
πόλιες	*J* 45, 51, *ι* 174.	
πολίων	*A* 125. *B* 117, 131. *Γ* 400. *E* 744.	
	I 24, 544. *P* 222. *ω* 418.	
πολίεσσι	*φ* 252. *ω* 355.	
πόλιας	*J* 308. *Θ* 560.	
πόλιας	*ϱ* 486.	
πόλεις	*B* 648. *I* 328. *Σ* 342, 490. *Θ* 574.	
πτόλις	*X* 118. *ο* 384.	πτόλις
πτόλιος	*J* 514. *P* 147. *Σ* 265. *T* 292. *X* 198.	
	λ 403. *ν* 156. *ο* 183. *ω* 113.	
πτόλει	*P* 152. *Ω* 707.	
πτόλιν	*Θ* 55. *Α* 181. *Σ* 281. *Ψ* 1. *β* 383, 397.	
	ξ 472. *ο* 311. *ϱ* 18, 72. *ω* 108, 413.	
πολύϊδρις	*ο* 459.	πολύϊδρις
πολύϊδριν	*ψ* 82.	
πολύμητις	*A* 311, 440. *Γ* 200, 216. 268. *J* 329,	πολύμητις
	349. *K* 148, 382, 400, 423, 438.	
	554. *Ξ* 82. *T* 154, 215. *Ψ* 709,	
	755. *β* 173. *δ* 763. *ε* 214. *κ* 207,	
	240, 302. *Θ* 486. *ι* 1. *λ* 354, 377.	
	ν 311, 382, 416. *ο* 380. *π* 201. *ϱ* 16.	
	192, 353, 453. *σ* 14, 51. 124, 312,	
	338, 365. *τ* 41, 70, 106, 164, 220.	
	261, 335, 382, 499, 582, 585. *υ* 36,	
	168, 183, 226. *φ* 274, 404. *χ* 1,	
	34, 60, 105, 170. 320, 371, 390,	
	430, 490. *ψ* 129. 247, 263. *ω* 302,	
	330, 356, 406.	
πολυμήτιος	*Φ* 355.	

πόριες	κ 410.	πόρις
πόρτιος	E 162.	πόρτις
πόσις Gatte	Γ 329. 429. Z 484. H 355, 411. Θ 82. 190. K 5, 329. Λ 369, 505. N 154, Π 88. X 439. Ω 763. ζ 244, 277. ϑ 465. ξ 130. ο 112, 180. π 450. σ 253. τ 126, 549. ψ 239.	πόσις
πόσει	λ 430. ρ 555. τ 95.	
πόσιν	Γ 163, 427. E 414. N 766. α 15, 363. δ 137. 263, 724, 814. ζ 282. η 147. ϑ 523. ι 30, 32. κ 115. π 450. τ 217, 264. 477. 603. φ 357. ψ 2, 71. 86, 334. ω 200, 295.	
πόσιας	Z 240.	
πόσις fem.	T 210. κ 176. μ 320.	πόσις
πόσιος	B 433. H 323. I 92, 222. T 231, 320. Ψ 57. Ω 628. α 150. γ 68, 473. δ 68. ϑ 72, 485 μ 308. ξ 454. ο 143, 303, 501. π 55. 480. ρ 99.	
πόσιν	α 191. ζ 209, 246, 248. ν 72. ο 490.	
πρῆξις	Ω 524. γ 82. κ 202, 568.	πρῆξις
πρῆξιν	γ 72. ι 253.	
πρόβασιν	β 75.	πρόβασις
πρόφασιν	T 262, 302.	πρόφασις

P.

ῥάχιν	I 208.	ῥάχις
ῥήσιος	φ 291.	ῥῆσις

Σ.

σίντιες	A 594.	σίντις
σίντιας	ϑ 294.	
σκέδασιν	α 116. ν 225.	σκέδασις

T.

τρόπιος	ε 130. μ 421. τ 278.	τρόπις
τρόπιν	η 252. μ 423, 424, 438.	
τίσιν	X 19. α 40. β 76. ν 144.	τίσις

Y.

ὕβρις	ο 329. ρ 565.	ὕβρις
ὕβριος	A 214.	
ὕβρει	ξ 262. ρ 431.	

ΰβριν	*A* 203. α 368. δ 321. 627. π 86. 410, 418. ϱ 169, 487. 581. ψ 64.	
ὑπάλυξις	*X* 270.	ὑπάλυξις
ὑπάλυξιν	ψ 287.	
ὑπόσχεσις	*B* 349.	ὑπόσχεσις
ὑπόσχεσιν	κ 483.	

Φ.

φάτις	ζ 29. ψ 362.	φάτις
φάτιν	*I* 460.	
φῆμις	ξ 239.	φῆμις
φῆμιν	*K* 207. ο 468. π 75. τ 527.	
φρόνιν	γ 244. δ 258.	φρόνις
φύξηλιν	*P* 143.	φύξηλις
φύξιν	*K* 311, 398, 447.	φύξις
φύσιν	κ 303.	φύσις

X.

χρυσόρραπις	κ 277, 331.	χρυσόρραπις
χρυσόρραπτι	ε 87.	
χύσις	ε 483. τ 443.	χύσις
χύσιν	ε 487.	

B. Stämme auf —υ.

A.

ἀγορητύς	ϑ 168.	ἀγορητύς
ἄκικυς	ι 515. φ 131.	ἄκικυς
ἀκοντιστύν	*Ψ* 622.	ἀκοντιστύς
ἀλαωτύν	*I* 503.	ἀλαωτύς
ἀμφιδάσειαν	*O* 309.	ἀμφίδασυς
ἀσταχύεσσι	*B* 148.	ἄσταχυς
ἄστυ	*B* 332. 801, 803. *Γ* 116. 245. *J* 103, 121. *Z* 95, 256, 276. *Z* 287, 310. 329, 331, 392, 504. *H* 296, 310. *Θ* 517, 519. *I* 136, 278, 589, 592. *K* 348. *Λ* 683, 706. 733, 803. *M* 74, 276. *N* 538. *Ξ* 146, 281, 432. *O* 681. *Π* 45, 376, 448, 655. *P* 131, 144, 160. 191, 287, 419. *Σ* 220, 266, 274, 286, 493. *Φ* 128, 225, 309, 532, 607. *X* 1, 12, 21, 47, 173, 230, 394, 409, 433. *Ω* 151, 180,	ἄστυ

327, 402, 499, 548, 662, 696, 703, 740.
β 77. γ 107. δ 9. ε 106. ζ 178, 194
η 2, 40, 72. ϑ 7, 173, 514, 551. κ 108.
ν 181. ξ 473. ο 216, 308, 505. π 170,
272, 461, 466. ρ 25, 246. σ 1. υ 276.
χ 77. ψ 137. ω 154.

ἄστυδε   Σ 255. Ω 778. ζ 296. κ 104. ο 503.
π 331. ρ 5. τ 190.
ἄστεος   Γ 140. Ο 351. Σ 207. Φ 360, 523.
Ω 320. 783. κ 105, 118. ρ 205. ω 468.
ἄστεῖ   ϑ 525.
ἄστεα   α 3. ο 82, 492. π 64. τ 170. ψ 267.
αὐτός   Α 174, 441. Η 345, 358. Ν 773. Ξ 99. | αὐτός
P 125, 244. ε 305. χ 28.
αὐτύ   Β 538, 592, 603, 829. Ζ 327. Δ 181.
Ο 71, 223. γ 287, 485. κ 81. ξ 472.
ο 193. τ 431.
αὐτύν   Ε 367. 868. Ζ 57. Κ 371. Λ 601.
Ξ 507. Ο 84 Π 283, 651, 859.
P 365. Σ 129. λ 278. μ 287, 446.
π 379. ρ 47. χ 43, 67.
αὐτεῖα   Β 811. Α 711. Ν 317. γ 293.
ἀχλύς   Ε 696. Η 344. Υ 421. ν 357. χ 88. | ἀχλύς
ἀχλύος   Ο 668.
ἀχλύν   Ε 127. Η 41. Υ 321, 341.

B.

βαθύς   Ο 841.   βαθύς
βαθύ   Β 147. ι 134.
βαθύν   Β 560.
βαθέα   Υ 490.
βαθεῖα   Υ 491. Ψ 251. ι 144.
βαθείης   Β 92. Ε 555, 587. Θ 336. Κ 353.
Λ 415. Ν 32, 44. Ο 356. Σ 547.
Φ 573. ι 239, 338. ρ 316.
βαθέης   Ε 142. Φ 213.
βαθείη   Λ 306.
βαθέην   Π 766.
βαρύ   Λ 364. Δ 153. Π 20. Σ 78, 323. Ψ 60. | βαρύς
δ 95, 534.

βαρύν	ι 257.	
βαρέα	Θ 334. Ν 423, 538. Ξ 432. ε 420.	
βαρείης	Ν 410. Φ 590. ο 233.	
βαρείῃ	Δ 235. Ρ 48. σ 56.	
βαρεῖαι	η 197.	
βαρείας	Α 89. Φ 548.	
βοητύς	α 369.	βοητύς
βότρυες	Σ 562.	βότρυς
βραδύς	ϑ 329, 330.	βραδύς
βραδέες	Θ 104.	
βρωτύν	Τ 205. σ 407.	βρωτύς

Γ.

γενύων	Ψ 688.	γένυς
γένυσσι	Δ 416.	
γένῦς	λ 320.	
γῆρυς	Δ 437.	γῆρυς
γλυκύς	Α 610. Β 71. Γ 446. Ψ 232. ε 151.	γλυκύς
	κ 31. ν 282. ο 7. σ 199. τ 49.	
	χ 500. ψ 342.	
γλυκύ	Α 598.	
γλυκύν	Γ 139. β 395. ϑ 445. κ 548. μ 338. σ 188.	
γραπτύς	ω 229.	γραπτύς

Δ.

δαιτύος	Χ 496.	δαιτύς
δάκρυ	Β 226, 269. Γ 142. Ζ 459, 496. δ 114.	δάκρυ
	198, 223, 556. κ 201, 409, 570. λ 5.	
	466. μ 12. ρ 304, 490. ϙ 86.	
δάκρυσι	Ω 162. ε 83, 157. η 260. τ 596.	
δασύ	ξ 51.	δασύς
δασείας	ξ 49.	
δριμύ	ω 319.	δριμύ
δριμεῖα	Ο 696.	
δρῦς	Ν 389.	δρῦς
δρυός	Χ 126. ξ 328, 425. τ 163, 297.	
δρυΐ	Σ 558.	
δρύες	Μ 132.	
δρυσί	Ξ 398. ι 186.	

δρῦς	Δ 494. Ψ 118.	
δυωκαιεικοσί-πηχυ	Ο 678.	δυωκαιεικοσί-πηχυς
	E.	
ἐγγύθεν	Ε 275. Η 219. Κ 508. Μ 337. Ν 562, 574, 647. Ξ 446. Ο 529, 710. P 128, 554, 582. Τ 409. Χ 141, 204, 295. Ψ 323, 516. 763. Ω 360. γ 36. δ 630. ζ 279. η 205. θ 62, 260. 471. ι 423. μ 183, 354. ο 163, ρ 71. ω 446.	ἐγγύθεν
ἐγγύθι	Ζ 317. Η 341. Ι 76. Κ 251. 561. Π 71, 300. Χ 300. η 29. ν 156. ω 358.	ἐγγύθι
ἐγγύς	Δ 496. Η 225. Θ 318. Ι 153. 201. 232, 295. Κ 113, 121, 274. Λ 340, 346, 429. 465. Μ 457. Ν 247. Ξ 110, 417. P 347, 484. Σ 586. Υ 425. Φ 285, 533. Χ 153. 453. Ψ 378. Ω 365. ι 166, 181. κ 30, 85. ν 268. ξ 484, 518. ρ 205. σ 215. χ 163, 355. ω 495.	ἐγγύς
ἐδητύος	Β 432. Η 323. Ι 92, 222. Λ 780. Τ 231, 320. Ψ 57. Ω 628. α 150. γ 68, 473. δ 68, 788. ε 201. ζ 250. θ 72. 485. κ 384. μ 308. ξ 454. ο 143, 303, 501. π 55, 480. ρ 99. 603.	ἐδητύς
ἐγχέλυες	Φ 203, 353.	ἐγχελυς
ἐλεητύς	ρ 451.	ἐλεητύς
ἐλεητύν	ξ 82.	
ἐννεάπηχυ	Ω 270.	ἐννεάπηχυς
ἐννεαπήχεες	λ 311.	
ἐπητύος	σ 306.	ἐπητύς
ἐρινύς	Ι 571. Τ 87. ο 234.	ἐρινύς
ἐρινύες	Ο 204. Τ 259, 418. λ 280. ρ 475.	
ἐρινύσι	υ 78.	
ἐρινύας	Φ 412.	
ἐρινῦς	Ι 454. β 135.	
εὐρύς	Ο 36: ε 184.	εὐρύς
εὐρύ	Ε 545. Κ 29. Λ 527. Μ 5. Ν 32,	

	552, 608. Ξ 145. Φ 447. α 344.	
	γ 83, 204. δ 726. 816. ε 77. ι 237,	
	337. τ 333. χ 184. ψ 137.	
εὐρέος	δ 603.	
εὐρέϊ	Δ 76. α 197. β 295. δ 498, 552. μ 293, 401.	
εὐρέα (Accus.	Z 291. Ι 72. Σ 140. Φ 125. δ 435.	
Sing. Masc.)	ω 118.	
εὐρύν	A 229. Δ 209, 436. E 867. H 178,	
	201. Θ 74. O 192. T 196. Υ 299.	
	Φ 267, 272, 522. Ψ 247, 258. Ω 199.	
	α 67. β 338. δ 378, 479. ε 169,	
	303. ζ 150, 243. η 209. ϑ 74. λ 133.	
	μ 73, 344. ν 55. π 183, 200, 211.	
	τ 40, 108. χ 39. ψ 280.	
εὐρέε	Π 791. Ψ 380.	
εὐρέες	Χ 153. δ 605. σ 68.	
εὐρέα (Neutr.)	B 159. Θ 511. γ 142. δ 313, 362, 560.	
εὐρέας	Γ 227. Π 360. ζ 225. χ 488.	
εὐρεῖα	Δ 182. Θ 150. Λ 741. Μ 53. Φ 387.	
	ν 243.	
εὐρείης	Z 173, 188. Π 455, 673, 683. ε 250.	
	ι 323. ξ 252.	
εὐρείῃ	N 433, 453. Σ 591. Ω 256, 494, 774.	
	α 62. δ 99. ε 307. λ 460, 499.	
εὐρεῖαν	B 575. H 441. I 350. O 358. Σ 542.	
	ε 163, 251, 483.	
εὐρειάων	ξ 199. π 62.	

H.

ἡδύς	μ 369.	ἡδύς
ἡδέος	γ 51. ι 197. ο 44. τ 510. ψ 17.	
ἡδέϊ	Δ 131. λ 27. υ 69.	
ἡδύν	α 364. β 350. ι 205. κ 357. π 451.	
	τ 604. φ 358.	
ἡδύ	B 270. Ι 17. H 387. Λ 378. Ψ 784.	
	α 446. ι 162, 354. κ 184, 468, 477.	
	μ 30. π 354. ρ 533. σ 35. 111.	
	υ 358, 391. φ 376. ω 435.	
ἡδεῖα	ι 210.	

ἠΰς	Γ 167, 226. Δ 221. Π 653. Ψ 664. ι 508.	ἠΰς
ἠΰ*)	P 456. Y 80. Ψ 524. Ω 6, 442. β 271.	
ἠΰν	E 628. Z 8. 191. Y 457.	
ἐΰς	Μ 98. N 246, 691. P 491. Ψ 528, 860. 888.	
ἐῆος	Δ 393. ξ 505. ο 450.	
ἐΰν	Θ 303. σ 127.	
ἐάων	Ω 528. ϑ 325, 335.	

Θ.

θαμέες	K 264. Λ 552. P 661.	θαμύς
θαμέσι	ε 252.	
θαμέας	ξ 12.	
θαμειαί	Μ 278, 287. Σ 68.	
θαμειάς	Μ 44, 296. Ξ 422. T 383. X 316.	
θῆλυς	T 97. Ψ 409. ε 467. ζ 122.	θῆλυς
θῆλυν	K 216.	
θήλεας	E 269.	
θήλεια	Θ 7.	
θήλειαι	Y 222. δ 636. ξ 16. φ 23.	
θηλείας	Λ 681.	
θρασύν	Z 254. Θ 89, 126, 312. K 28. Μ 60, 210. Ω 72, 786. δ 146.	θρασύς
θρασειάων	Λ 553. 571. O 314. P 662. Ψ 714. ε 434.	
θρῆνυς	Σ 390. α 131. δ 136. κ 315, 367.	θρῆνυς
θρήνυι	ρ 504.	
θρῆνυν	ξ 240. ο 729.	

I.

ἰθύν	Z 79. ϑ 377. π 304.	ἰθύν
ἰθύς (Adv.)	E 506, 849. Θ 118. α 119. β 301. γ 10, 17. ο 511. ρ 33, 325. ω 101, 241, 397.	ἰθύς
ἰθεῖα	Ψ 580.	ἰθεῖα
ἰλύος	Φ 318.	ἰλύς
ἰξῦϊ	ε 231. κ 504.	ἰξύς

*) ἐΰ wurde weggelassen, weil es gar zu oft vorkommt, und weil viele Ausgaben es nicht von dem durch dasselbe bestimmten Worte trennen.

ἱπποδασείας	Γ 369. N 714. χ 111, 145.	ἱππόδασυς
ἴτυς	E 724.	ἴτυς
ἴτυν	Δ 486.	
ἰχθύς	Φ 127.	ἰχθύς
ἰχθύν	Π 407.	
ἰχθύες	Φ 22, 203, 353. ξ 135. ω 291.	
ἰχθύας	χ 384.	
ἰχθῦς	ε 53. κ 124. μ 331. τ 113.	
κιθαριστύς	B 600.	κιθαριστύς
κίκυς	λ 393.	κίκυς
κλιτύν	ε 390.	κλιτύς
κλιτὺς	Π 390.	
κρατύς	Π 181. Ω 345. ε 49, 148.	κρατύς

Λ.

λάχεια	ι 116. κ 509.	(ἑ) λαχύς
λιγύς	A 248. B 246. γ 176. δ 357.	λιγύς
λιγύν	Δ 293. ν 274.	
λιγέως	Γ 214. T 5. Ψ 218. λ 391, π 216 σ 56.	
λιγεῖα	ω 62.	
λιγείῃ	Σ 569.	
λιγεῖαν	ψ 133.	

M.

μέθυ	Ι 469. δ 746. η 179, 265. ι 9, 162, 557. κ 184. 468, 477. μ 30. ν 50. ξ 194. ρ 533.	μέθυ
μελίηρυν	μ 187.	μελίηρυς
μνηστύος	β 199.	μνηστύς
μνηστύν	π 294. τ 13.	
μῶλυ	κ 305.	μῶλυ

N.

νέκυς	Σ 180. Χ 386. Ψ 160, 190.	νέκυς
νέκυος	N 509. P 240. Σ 20, 173. Ω 423.	
νέκυι	Π 526, 565. Ω 108.	
νέκυν	A 492. H 84. P 121, 127, 692, 724. 735, 746. Σ 152. T 225., Ψ 34, 110, 135, 168. Ω 35, 581, 697.	
νέκυες	Φ 302.	

νεκύων	*A* 52. *H* 409. *Θ* 491. *K* 199, 343, 387. *Η* 72, 661. *Φ* 218. *χ* 521, 530, 536. *λ* 29, 37, 49, 147, 541, 564, 605. *χ* 211.	
νεκύεσσι	*E* 397. *K* 349, *Φ* 220, 325. *χ* 518. *λ* 26. 485. 491. *μ* 383.	
νέκυσσι	*λ* 569. *χ* 401.	
νέκυας	*H* 418. *Α* 534. *Y* 499. *λ* 94. *χ* 407. 437, 448.	
νέκυς	*H* 420. *ω* 417.	
νηδύος	*N* 290. *Ω* 496.	νηδύς
νηδύν	*ι* 296.	

O.

ὀαριστύς	*Ξ* 216. *P* 228.	ὀαριστύς
ὀαριστύν	*N* 291.	
ὀϊζύς	*Ξ* 480.	ὀϊζύς
ὀϊζύος	*γ* 103. *δ* 35, 812. *ε* 289. *ο* 342.	
ὀϊζυϊ	*η* 270.	
ὀϊζύν	*N* 2. *O* 365. *θ* 529. *λ* 167, 620. *ξ* 415. *ρ* 563. *υ* 196. *ψ* 210.	
ὀξύς	*H* 330. *M* 447.	ὀξύς
ὀξύ	*Γ* 374. *Δ* 530. *E* 312, 680. *Θ* 91, 132. *Λ* 269, 343, 392, 845. *M* 190. *N* 583. *O* 649. *P* 89, 256, 524. *T* 125. *Y* 52, 284, 291, 423, 437. *Φ* 116, 173. *X* 141, 306, 311, 425. *β* 3. *δ* 308. *ε* 393. *ι* 300. *χ* 126, 145, 294, 321, 535. *λ* 24, 48, 95, 208. *ξ* 528. *υ* 125. *φ* 34, 119, 431. *χ* 79, 90.	
ὀξύν	*Δ* 352. *Θ* 531. *Λ* 836. *P* 520, 721. *Σ* 304. *T* 237. *Φ* 590. *γ* 443. *ξ* 531. *φ* 340.	
ὀξέϊ	*Δ* 490. *E* 123, 238, 336, 558, 675. 821. *I* 458. *K* 135. *Λ* 421. *N* 212, 338, 542, 561. *Ξ* 12. *O* 433, 482. *Π* 317, 623. 739, 806, 819. *P* 126, *Σ* 236. *T* 211, 283, 292. *Y* 488. *Φ* 37, 91, 568. *X* 67, 72. *Ψ* 412.	

	Ω 393. α 99. δ 700. λ 120 μ 173.	
	ν 271. ξ 271. ο 551. ρ 440. υ 127. χ 368.	
ὀξέες	J 214. M 64. ε 411.	
ὀξέα	B 222. E 495, 619. Z 104. Λ 44, 212. M 125. Π 772. P 88. χ 265, 272, 282.	
ὀξέσι	M 56.	
ὀξεῖα	P 372.	
ὀξεῖαι	Λ 268. ὀξεῖ' Λ 272. O 313.	
ὀξείας	Σ 551.	
ὀρχηστύς	α 152.	ὀρχηστύς
ὀρχηστυῖ	θ 253. ρ 605.	
ὀρχηστύν	N 731. α 421. σ 304.	
ὀτρυντύς	T 235.	ὀτρυντύς
ὀτρυντύν	T 234.	
ὀφρύος	Ξ 493.	ὀφρύς
ὀφρύσι	Λ 528. I 620. N 88. Ξ 236. O 102, 608. P 209. Y 151. δ 153. θ 86, 531. ι 468. μ 194. π 164, 219. φ 431.	
ὀφρύας	ι 389.	
ὀφρῦς	Π 740.	

Π.

παχύς	M 446. χ 18.	παχύς
παχύ	Σ 416.	
παχέος	Π 473. κ 439. λ 231.	
παχύν	ι 372.	
παχείῃ	Γ 376. E 309. Θ 221. Λ 355. Ξ 385. P 296. Φ 175, 403, 424. ζ 128. τ 448. υ 299. φ 6. χ 326.	
πέλεκυς	Γ 60. γ 449.	πέλεκυς
πέλεκυν	γ 442. ε 234. ι 391.	
πελέκεων	τ 578. φ 76, 421.	
πελέκεσσι	Π 484.	
πελέκεας	Ψ 114, 851, 856, 882. τ 573. φ 120, 260.	
πῆχυν	Λ 375. N 583. Φ 166.	πῆχυς
πήχει	φ 419.	
πίτυς	N 390. Π 483.	πίτυς

πίτυσσι	ι 186.	
πλατέος	E 796. N 588.	πλατύς
πλατεῖ	ω 82.	
πλατύν	P 432.	
πληθύς	B 278. O 305.	πληθύς
πληθύος	I 641.	
πληθυῖ	X 458. λ 514. π 105.	
πληθύν	B 143, 488. E 676. Δ 305, 360, 405. O 295. P 31, 221. Y 197, 377.	
πολύδακρυς	P 544.	πολύδακρυς
πολύδακρυν	Γ 132. Θ 516. T 318. X 487.	
πολύς	B 810. J 449. Θ 59, 63. K 185. N 705. Π 110. P 493. Σ 493. Y 249. Ψ 507, 549. δ 566, 603. ζ 164. ϑ 380. λ 490. μ 45. ο 394. φ 62. ω 70.	πολύς
πουλύς	ϑ 109.	
πολύν	B 115. 343, 664. Γ 157. E 334. Z 525. I 22, 483, 547. M 9. N 472. O 365. P 462. Σ 452, 530. Φ 313. Ψ 651. γ 301. δ 90, 543, 594, 675. ε 319. λ 151. ο 68, 456, 545. π 267. ρ 250. τ 61. φ 70. ω 218.	
πουλύν	E 776. Θ 50, 472. K 27, 517. ρ 67.	
πολύ	Α 169, 229. B 529, 702, 769, 817. Γ 41. J 51, 56, 307, 373, 507. E 201, 378. Z 91, 125, 158, 272. H 28, 105, 162, 268. Θ 144, 211, 256. I 250, 700. K 557. Δ 162, 217, 236. N 161, 815. Ξ 442, 467. O 165, 181, 226, 448, 641. P 331, 342, 364, 411, 417, 655. Σ 109. Y 135, 368, 434. X 40, 103, 233, 459. Ψ 288, 386, 429, 572, 577. Ω 762. α 113. β 48, 167. γ 358. δ 698. ζ 39, 86. ϑ 129, 197, 221, 284, 543. ι 228, 276. κ 396. λ 239. 310, 358, 515, 621. μ 109. ξ 220. π 89, 246, 445. ρ 31, 328, 404, 583. υ 316, 381. φ 154, 325. χ 289, 353. ψ 156. ω 517.	

πουλ'	τ 387.	
πολέες	B 417. J 143. Z 452. H 232. Θ 537.	
	I 552. K 171. O 682. Π 550, 661.	
	Σ 103. Τ 5. Υ 248. Φ 586. Ω 167,	
	421. γ 134. ζ 284. χ 204.	
πολεῖς	Δ 708.	
πολέων	E 691. O 680. Π 398, 655. P 680.	
	Σ 467. Υ 383. δ 267. ι 352. λ 379,	
	416. φ 350. ω 87.	
πολέσι	Δ 388. K 262. Λ 688. N 661. Π 240.	
	329. Ψ 60. β 166. λ 495. υ 30.	
πολέσσι	N 452. P 236, 308.	
πολέεσσι	E 546. I 73. M 399. O 258. Π 262.	
	Τ 274. ε 54. σ 123. υ 200.	
πολέας	Δ 559. B 4. Γ 126. Δ 230, 298.	
	E 804. N 734. O 66. Π 827. Υ 313.	
	Φ 59, 131. Ω 204, 479, 520. γ 262.	
	δ 170. ω 427.	
πῶυ	Γ 198. Δ 696. O 323. μ 299.	πῶυ
πώεα	Δ 678. Σ 528. λ 402. μ 129. ξ 100.	
	ω 112.	
πώεσι	δ 413.	
	P.	
ῥυστακτύος	σ 224.	ῥυστακτύς
	Σ.	
σῦς	N 471. τ 393, 439, 449, 465. φ 219.	σῦς
	ψ 74.	
συός	Θ 338. I 548. P 21. σ 29.	
συΐ	Δ 293. P 281.	
σῦν	I 539. Π 823. ξ 27.	
σύες	I 467. κ 243, 283. λ 413, 611. ξ 15,	
	410, 532.	
συῶν	Δ 679. κ 239. λ 131. ξ 101, 108,	
	412. ψ 278. ω 215.	
συσί	E 783. H 257. ξ 14.	
σύεσσι	M 146. ν 410. ξ 25. π 3.	
σύας	ξ 41, 81. ρ 181. σ 105. υ 251.	
σῦς	κ 338, 433. ξ 107.	
σταχύεσσι	Ψ 598.	στάχυς

τανυστύος	φ 112.	τανυστύς
ταρφέες	Δ 337. χ 246.	ταρφύς
ταρφέα	N 718. X 142.	
ταρφέας	O 472.	
ταρφειαί	T 359.	
ταρφειάς	M 158.	
ταχύς	B 527. N 66. 701. Ξ 442, 520. P 256. 676. Σ 2. Ψ 473, 488, 744. γ 112. ο 526. ρ 308.	ταχύς
ταχύ	N 249.	
ταχύν	Δ 94. N 348, 482. Π 186. P 709, Σ 69, 354, 358. Ψ 347. Ω 292, 310. δ 202.	
ταχέως	Ψ 365.	
ταχέε	E 356.	
ταχέες	E 885. Z 514. P 558. Φ 402. X 89, 464. Ψ 287. ξ 133.	
ταχέεσσι	Θ 339. Φ 564. X 8, 173, 230.	
ταχέας	Δ 815. Σ 584. χ 3. ω 178.	
ταχεῖα	Δ 186. O 158. Ω 144.	
ταχείης	Δ 113. ν 436.	
τρηχύς	E 308.	τρηχύς
τρηχύν	H 265. Φ 242.	
τρηχείης	χ 417, 463.	
τρηχεῖαν	ε 425. ξ 1.	

Υ.

ὑός	ϑ 476. ξ 423, 438.	ὑς
ὕν	ξ 419.	
ὕες	ο 556.	
ὑῶν	ν 405. ξ 414, 416, 525. ο 39.	
ὕεσσι	ξ 8. ο 397. φ 363.	
ὕας	ϑ 60. π 341. ρ 604.	

Ω.

ὠκύς	A 58, 148, 215, 489. I 307, 606, 643. Δ 112, 478, 607. Π 48. Σ 78, 97, 187. T 55, 145, 198, 295, 419. Φ 211. 222. X 14, 188, 229, 260, 344. Ψ 93,	ὠκύς

	218, 776, 880. Ω 138, 559, 621, 649, 751. π 468.
ὠκύ	E 106, 112, 187, 278. Δ 397. Ξ 407. X 292.
ὠκέϊ	O 238. Π 583.
ὠκύν	E 395. φ 416.
ὠκέες	E 257. Θ 88. K 474, 520. Π 370, 380, 383, 833, 836. Ψ 373. γ 496.
ὠκέας	Γ 263. E 240, 261, 275. Θ 402, 416. K 527. Λ 127, 760. M 62. N 536. Ξ 430. O 259. Π 148. P 465. Σ 244. Ψ 294, 516. Ω 14. γ 478.
ὠκέα	Γ 129. E 368. Θ 425. Δ 195, 199, 210. O 168, 172, 200. Σ 166, 183, 196. 202. Ψ 198. Ω 87, 95. μ 374.
ὠκεῖαι	η 36.
ὠκειάων	Δ 500. H 15. Θ 197. ι 101.
ὠκείῃσι	η 34.

II.
Verzeichniss der behandelten Wörter
auf —ι und —υ

in alphabetischer Ordnung.

ἀγορητύς, ἡ
ἄγρωστις, ἡ
ἄγυρις, ἡ
ἄϊδρις, adj. 2.
αἰπύς, adj. 3.
ἀκίκυς, adj. 2.
ἄκνηστις, ἡ
ἄκοιτις, ἡ
ἀκοντιστύς, ἡ
ἀκρόπολις, ἡ
ἀλαωτύς, ἡ
ἀμφίδασυς, adj.
ἀνάβλησις, ἡ
ἄνυσις, ἡ
ἄροσις, ἡ
ἄσις, ἡ
ἄσταχυς, ἡ
ἄστυ, τό
ἀχλύς, ἡ
βαθύς, adj. 3.
βαρύς, adj. 3.
βοητύς, ἡ
βόσις, ἡ
βότρυς, ὁ
βούβρωστις, ἡ
βραδύς, adj. 3.
βριθύς, adj. 3.
βρῶσις, ἡ

βρωτύς, ἡ
γένεσις, ἡ
γένυς, ἡ
γῆρυς, ἡ
γλυκύς, adj. 3.
γραπτύς, ἡ
δαιτύς, ἡ
δάκρυ, τό
δασύς, adj. 3.
δῆρις, ἡ
δμῆσις, ἡ
δολόμητις, adj. 2.
δόσις, ἡ
δριμύς, adj,
δρῦς, ἡ
δύναμις, ἡ
δυωκαιεικοσίπηχυς, adj.
ἐγγύθεν,
ἐγγύθι,   } adv.
ἐγγύς,
ἔγχελυς, ὁ
ἐδητύς, ἡ
ἑκατόμπολις, adj.
ἔκβασις, ἡ
ἔκλησις, ἡ
ἐλεητύς, ἡ
ἐννεάπηχυς, adj.
ἔπαλξις, ἡ

ἐπίκλησις, ἡ
ἐπίσχεσις, ἡ
ἐρινύς, ἡ
ἐρυσίπτολις
εὐρύς, adj. 3.
ἡδύς, adj. 3.
ἥμισυς, adj. 3.
ἤνις, adj.
ἠΰς (ἐΰς), adj. 3.
θαμύς, adj.
θέσπις, adj.
θῆλυς, adj.
θρασύς, adj.
θρῆνυς, ὁ
ἴδρις, adj.
ἰθύς, adv.
ἰθύν,   } subst.
ἰθεῖα,   } Adj.
ἰλύς, ἡ
ἰξύς, ἡ
ἱππόδασυς, adj.
ἴτυς, ἡ
ἰχθύς, ὁ
κάλπις, ἡ
κίθαρις, ἡ
κιθαριστύς, ἡ
κίκυς, ἡ
κλιτύς, ἡ

κόνις, ἡ
κρατύς, adj. 3.
κτῆσις, ἡ
κύστις, ἡ
(ἑ) λαχύς, adj. 3.
λιγύς, adj. 3.
λύσις, ἡ
μάντις, ὁ, ἡ
μέθυ, τό
μελίγηρυς, adj.
μῆνις, ἡ
μῆτις, ἡ
μνῆστις, ἡ
μνηστύς, ἡ
μῶλυ, subst., adj.
νέκυς, ὁ
νέμεσις, ἡ
νηδύς, ἡ
νῆστις, adj.
ξύνεσις, ἡ
ὀαριστύς, ἡ
ὀϊζύς, ἡ
ὄϊς, ἡ
ὁμήγυρις, ἡ
ὄνησις, ἡ
ὀξύς, adj. 3.
ὀρχηστύς, ἡ

ὀτρυντύς, ἡ
ὄφις, ὁ
ὀφρύς, ἡ
ὄψις, ἡ
παράκοιτις, ἡ
παραίφασις, ἡ
πάρφασις, ἡ
παχύς, adj. 3.
πέλεκυς, ὁ
πῆχυς, ὁ
πίτυς, ἡ
πλατύς, adj. 3.
πληθύς, ἡ
πόλις, ἡ
πτόλις, ἡ
πολύδακρυς, adj. 2.
πολυϊδρις, adj. 2.
πολύμητις, adj. 2.
πολύς, adj. 3.
πόρδαλις (πάρδαλις)
πόρις, ἡ
πόρτις, ἡ
πόσις, ὁ, Gatte
πόσις, ἡ, Trank
πρῆξις, ἡ
πρόβασις, ἡ
πρόφασις, ἡ

πῶυ, τό
ῥάχις, ἡ
ῥῆσις, ἡ
ῥυστακτύς, ἡ
σίντις, ὁ
σκέδασις, ἡ
στάχυς, ὁ
σῦς, ὁ, ἡ
τανυστύς, ἡ
ταρφύς, adj. 3.
ταχύς, adj. 3.
τίσις, ἡ
τρηχύς, adj. 3.
τρόπις, ἡ
ὕβρις, ἡ
ὑπάλυξις, ἡ
ὑπόσχεσις, ἡ
ὗς = σῦς, ὁ, ἡ
φάτις, ἡ
φῆμις, ἡ
φρόνις, ἡ
φύξηλις, adj.
φύξις, ἡ
φύσις, ἡ
χρυσόρραπις, adj.
χύσις, ἡ
ὠκύς, adj. 3.

P. Michael Zirwik.

Schul- und Instituts-Nachrichten.

Leitungs- und Lehr-Personale.

F. e. Ordinariats-Commissär:

Hochwürdiger, Wohlgeborner Herr Augustin Embacher, Dom-Scholastikus 2c.

Director der Lehr-Anstalt:

Hochwürdigster, Hochgeborner Herr Dr. Johann Della-Bona, Dompropst und Weihbischof, k. k. Statthalterei-Rath, Mitglied des k. k. Landes-Schulrathes 2c.

Regens des Institutes:

Hochw. Herr Johann Zimmermann, f. e. geistl. Rath, Sr. päpstl. Heiligkeit Ehrenkämmerer, lehrte Religion 5. u. 1. Klasse 4 St., Bibliothekar, Custos der Abtheilung VIII. A. Philosophie, X. Theologie, XI. Sammelwerke.

Professoren:

Die Hochwürdigen Herren:

Dr. Josef Neumair lehrte Mathematik 6. Klasse 4 Stunden.

P. Willibald Hauthaler, Gymnasial-Lehramts-Candidat vom Benedictinerstifte St. Peter, lehrte Geschichte 6. Kl. 3 St., 5. Kl. 4 St., 4. Kl. im 1. Sem. 4 St., = 11—7 Stunden.

P. Michael Zirwik, Gymnasial-Lehramts-Candidat vom Benedictiner-Stifte St. Peter, lehrte griechische Sprache 5. Kl. 5 St., 3. Kl. 5 St. = 10 St.

Johann Grauder, Subdirektor im Priesterhause, jetzt Stadtpfarrer von St. Andrä, lehrte Geschichte im 2. Sem. 4 Kl. 4 St.

Johann B. Näf, d. Z. 2. Bibliothekar des Stiftes St. Peter, freiresignirter Pfarrer und Professor, lehrte englische Sprache in 1 Abth., italienische Sprache in 2 Abtheilungen 4 St.

Professoren und Präfekten:

Die Hochwürdigen Herren:

Johann Flöck, Ordinarius der 3. Klasse lehrte in der 6. Kl. lateinische Sprache 6 St., griechische Sprache 5 St., in der 5. Kl. latein. Sprache 6 St., in der 3. Kl. latein. Sprache 6 St. = 23 St. Custos der Bibliothek-Abtheilungen III. latein. Sprache, IV. griech. Sprache, VII. Unterhaltungs-Literatur, IX. ascetische Werke.

Franz Hauser, Ordinarius der 2. Klasse, lehrte in der 2. Kl. latein. Sprache 8 St., Naturgeschichte im 1. Sem. 2 St., in der 4. Kl. griech. Sprache 4 St., in der 6. Kl. Naturgeschichte 3 St. = 17 bis 15 St., Custos der zoologischen Sammlungen und der Bibliothek-Abtheilungen V. verschiedene lebende Sprachen, VI. B. Naturgeschichte.

Alois Laireiter, Ordinarius der 5. Klasse, lehrte in der 5. Kl. Mathematik 4 St., Mineralogie 1. Sem. 2 St., in der 4. Kl. Mathematik 3 St., Naturlehre 3 St., in der 3. Kl. 1 Sem. Mineralogie 2 St., 2. Sem. Naturlehre 3 St., Zeichnen 3 St. = 17 bis 16 St. Custos des physikalischen und mineralogischen Kabinets, des chemischen Laboratoriums und der Bibliothek-Abtheilungen VI. A. Mathematik, VI. B. Physik.

Michael Schwaiger, Ordinarius der 6. Kl., lehrte deutsche Sprache in der 6. Kl. 3 St., in der 5. Kl. 2 St., in der 4. Kl. 3 St., in der 3. Kl. 3 St., in der 1. Kl. 4 St. = 15 St.; hält auch Vorträge über christliche Kunst im f. e. Priesterhause, Custos der Bibliothek-Abtheilung II. deutsche Literatur, VIII. B. Kunst.

(Seine beiden poetischen Werke: „Ein Edelmann" und „Simon Petrus und Simon Magus" sind im Borromäum zu beziehen. à 40 kr.)

Franz Mokry, Ordinarius der 4. Kl., lehrte in der 4. Kl. Religion 2 St., latein. Sprache 6 St., in der 2. Kl. deutsche Sprache 4 St., Geschichte 4 St. = 16 St. Custos der Bibliotheks-Abtheilung I. Geschichte.

Joseph Haitzmann, Ordinarius der 1. Kl., lehrte in der 1. Kl. latein. Sprache 8 St., Mathematik 1. Sem. 3 St., Geographie 2. Sem. 3 St., in der 3. Kl. Geschichte 3 St., in der 6. Kl. Religion 2 St., in der 5. Kl. 2. Sem. Botanik 2 St. = 16—18 St. Custos der botanischen Sammlungen, des botanischen Gartens, der Musikalien und musikalischen Instrumente, Musik- und Chordirektor.

Karl Ebmer lehrte in der 3. Kl. Religion 2 St., Mathematik 3 St., in der 2. Kl. Religion 2 St., Mathematik im 2. Sem. 3 St., Botanik im 2. Sem. 2 St., in der 1. Kl. Geographie im 1. Sem. 3 St.,

Naturgeschichte 2 St. Stenographie in der 5. Kl. 2 St. = 17 bis 19 St., Mitcustos der botan. Sammlungen und des botan. Gartens.

Herr Alumnus Franz Fasching, Turnlehrer in 3 Abtheilungen, jede Abth. wöchentlich 2 Mal.

Der Lehrplan des Borromäums ist jenem am hiesigen k. k. Gymnasien ganz conform, sowohl hinsichtlich des Unterrichtes, als der Lehrbücher und der Unterrichtsstunden.

Nicht obligate Gegenstände:

Außer den obligaten Schulgegenständen hatten die Zöglinge Unterricht:

In der Stenographie in 2 Abtheilungen, so daß alle Zöglinge von der 4. Kl. an in dieser nützlichen Kunst Uebung erlangen.

In der Musik, sowohl in der kirchlichen, besonders der Cäcilianischen, als auch in der profanen; alle wenigstens im Commun- und Choralgesange.

Musiklehrer Hr. Adalbert Lenk, mit wöchentlich 12 Stunden. Ueberdieß bestehen Musik-Uebungen unter den Zöglingen selbst; dazu ist ein Zögling als Musik- und Chorregent mit einem Gehilfen, ein anderer als Organist aufgestellt.

Im Zeichnen. Dazu sind 3. und 4. Klasse obligat, so daß alle Zöglinge auch hierin wenigstens einigen Unterricht erhalten, jedem aber die Gelegenheit geboten ist, auch außer den obligaten Klassen die Uebung fortzusetzen.

In fremden lebenden Sprachen. Dieses Jahr in 2 Abtheilungen in der italienischen, und 1 Abth. in der englischen Sprache. Diesen Unterricht übernahm gütigst der hochw. Herr Johann Räf, d. Z. Bibliothekar in St. Peter. Uebrigens ist auch Gelegenheit für französische und slavische Sprachen.

Lehrmittel-Sammlungen.

Auch die Lehrmittel vermehrten sich wieder in erfreulicher Weise.

Zur Bibliothek, welche schon über 12.000 Bände in XI. Abtheilungen zählt, deren Obsorge unter den Professoren vertheilt ist, kamen viele neue Werke; darunter:

Ad I. Geographie und Geschichte.

Bauer, Karte von Deutschland, Oesterreich ꝛc.
Schegg, das hl. Land, 2 Bde.
Pocorny, Allgemeine Erdkunde.
Beck, Griechische Geschichte.
Peter, Geschichte Roms. 3 Bde.
Schwegler, Römische Geschichte. (19 fl.)
Dunker, Geschichte des Alterthums. 6 Lieferungen 9 fl. 90 kr.
Las Cases, Denkwürdigkeiten von St. Helena. 7 Bde.
Wisemann, Irland.
Baumstark, Philipp II. von Spanien.
Bandhauer, die Katastrophe von Magdeburg.
Umlauft, Oesterr.-ungar. Monarchie.
Ruthner, das Kaiserthum Oesterreich in malerischen Original-Ansichten.
Huber, Geschichte der Einführung des Christenthums ꝛc. 4 Bde.
Schrödl, Geschichte der Päpste.
Stadler, Heiligen-Lexikon. Forts.
Brockhoff, Klosterleben. 12 Lieferungen.
Kurts, Geschichts-Tabellen.

Ad II. Deutsche Literatur.

Venn, Deutsche Aufsätze. 4 Exemplare.
Schade, Paradigmen zur deutschen Grammatik.
Pfeifer, Tittmann ꝛc., Fortsetzung deutscher Klassiker.
Conscience, Bollanden Fortsetzungen.

Ad III. & IV. Lateinische und griechische Sprache.

Freund, Schüler-Bibliothek. Forts.
Leipziger, Klassiker-Ausgaben. Forts.
Ebeling, Schulwörterbuch zu Cäsar.
Krebs, Antibarbarus der latein. Sprache.
Wanizak, Etymolog. Wörterbuch der latein. Sprache.
Lübker, Reallexikon des klassischen Alterthums.
Fürstadler, Götterwelt der Alten.
Pape, Griech.-deutsches Handwörterbuch. 2 Bde.
Eichert, Ovidii Metamorphos.

Ad VI. Mathematische und Naturwissenschaften.

Sachs, Lehrbuch der Botanik.
Pecirca, Kryſtallnetze.
Kunzek, Lehrbuch der Phyſik. 4 Exemplare.
Baudey, Algebraiſche Gleichungen.
Serret, Handbuch der höhern Algebra.
Fiedler, Elemente der Geometrie.
Fiedler, Geometrie der Kegelſchnitte.
Heis, Aufgaben. 4 Exemplare.

Ad VII. Viele Werke zur Unterhaltungs-Lectüre z. B.:

Fortſetzung der Freiburger Sammlung hiſtoriſcher Bilder.
Meßner, hl. Land mit Bildern.

Ad VIII. Philoſophie und Kunſt.

Kirchmann, Philoſ. Bibliothek. Fortſ. bis Heft 217.
Scavini. Philosophiae moralis Elementa.
Struve, Seeleben.
Stöckl, über die Philoſophie des Unbewußten.
Meuſer, Anthropologie.
Fortſetzung, Kunſtdenkmäler. Wien.
Müller, archäologiſches Wörterbuch. Fortſ.

Ad XI.—XI. Mehrere asketische, theologische und Sammelwerke z. B.

Fortſetzung der Kirchenväter von Hurter und Reithmair (Thalhofer).

Für das phyſikaliſche Kabinet wurden einige Apparate aus der Hauk'ſchen Anſtalt in Wien angekauft.

Für das Turnen wurde, zu den frühern Turnapparaten im Freien, auch eine Turnhalle hergeſtellt und eingerichtet.

Die botaniſchen Sammlungen bereicherte wieder unſer ehemaliger Zögling Herr Med.-Dr. Stohl durch ſchöne Pflanzen-Exemplare.

Auch der Muſik-Catalog wurde bedeutend erweitert.

So beſitzt das Borromäum, Dank den vielen Wohlthätern, eine hinlängliche Anzahl von Lehrmitteln für alle Fächer des Gymnaſial-Studiums, ſowohl für Lehrer als für Schüler und dieſe wird von Jahr zu Jahr vermehrt.

Vom Borromäum sind noch immer hier verfaßte und gedruckte Werke zu beziehen:

Hebdomas s. in Ledereinband und Goldschnitt 2 fl., gebunden 1 fl. 70 kr, in Albis 1 fl. 50 kr.

Katholische Kirchenlieder mit ihren Melodien 200 Nummern, in Albis 1 fl.

Logik 1 fl. und Psychologie 50 kr., ohne Benennung des Autors (des sel. Prof. Dr. Ehrlich.)

Im Laufe des 2. Semesters hat die Inspektion der Lehranstalt durch den k. k. Landesschulrath Hrn. Ed. J. Schwammel stattgefunden.

Der Gesundheitszustand unter den Zöglingen in diesem Jahre war wieder sehr gut. Statt des verstorbenen Institutsarztes Herrn Carl Stühlinger übernahm die Stelle der Stadtarzt Herr Dr. Faistauer. Zur Gesundheitspflege dient außer dem sehr günstig gelegenen Institutsgebäude mit seinem großen Garten auch das Vollbad in dem neuen nahe gelegenen Badhause, wohin die Zöglinge in den Sommermonaten wöchentlich ein- oder zweimal geführt werden.

Zur Stärkung der Gesundheit und zur Erholung haben die Zöglinge außer den gewöhnlichen Spaziergängen monatlich einen halbtägigen und jährlich einen ganztägigen Ausgang nach Klassen unter Leitung eines Professors ferne von der Stadt in freier Landluft.

Die Allerhöchsten Namenstage unsers allergnädigsten Kaisers und besondern Wohlthäters Franz Joseph I. und Ihrer Majestät unserer Kaiserin und Landesmutter Elisabeth, dann die hohen Namenstage unsers Stifters und unsers väterlichen Oberhirten, sowie hoch dessen Wahltag beging das Borromäum mit festlichen Gottesdienst; den Sterbetag unserer in Gott verschiedenen kaiserlichen Mutter Carolina Augusta aber mit einem feierlichen Requiem. Täglich wird das Borromäum fortfahren, für seine unvergeßliche Mutter zu beten.

Den Beichtstuhl besorgten wieder der Hochw. Herr Katechet Michael Asen und die ehrwürdigen Franziscaner- und Kapuziner-Klöster. Ihnen und den Hochwürdigen Herren, welche unentgeltlich im Lehramte Aushilfe leisteten, sei der besondere Dank ausgesprochen. Die geistlichen Exercitien wurden wieder in der Charwoche und die liebliche Maiandacht im Marianischen Oratorium abgehalten.

Die Entscheidung über die Aufnahme neuer Zöglinge wird bald nach Schluß des Schuljahres bekannt gegeben werden. Der Schluß findet nach einer hohen Ministerial-Verordnung am 15. Juli mit einem feierlichen Dankamte statt. Der Eintritt geschieht am 15. September 7 Uhr Abends; am 16. September beginnt das neue Schuljahr mit einem feierlichen hl. Geistamte.

Consistorial-Kundmachung.

(Die Aufnahme in das f. e. Collegium Borromäum betreffend.)

Seine Eminenz der Hochwürdigste Herr Cardinal und Fürst-Erzbischof Maximilian Joseph haben mit großer Genugthuung ersehen, daß Hochseine Aufforderung im vorigen Jahre zur Auswahl und Vorbereitung von Knaben für das f. e. Borromäum den erfreulichen Erfolg gehabt habe, daß eine hinlängliche Anzahl von Knaben aufgenommen werden konnte, welche, wie es sich bis jetzt zeigt, zum großen Theile gute Hoffnung für die Zukunft geben. Indem Hochselber den Herren Seelsorgern für ihre verdienstliche Bemühung seine dankbare Anerkennung hiemit gerne ausspricht, erneuert er die Aufforderung, ihm auch für das künftige Schuljahr wieder eine hinlängliche Anzahl, christlich erzogener, wohlgesitteter, genügend talentirter und für den geistlichen Stand Hoffnung gebender Knaben auszuwählen, die Eltern zu belehren, die Knaben im Nothwendigen vorzubereiten und sie zur Aufnahme vorzuschlagen.

Die Zeit zur Vorbereitung von Knaben, welche in der Ortsschule gute Fortschritte machen, ist bis zum Beginne des nächsten Schuljahres eine hinreichende. Das Wichtigste in der Vorbereitung bleibt eine gute Grundlage in der deutschen Sprachlehre, Kenntniß der Redetheile, Examiniren und Analysiren deutscher Sätze. Wünschenswerth sind die Elemente der lateinischen Sprache. Die Jahresausgaben für einen Zögling belaufen sich jetzt leider auf 200 fl. Die noch fließenden Beiträge durch die Höchstselige Kaiserin Carolina Augusta sind schon auf die Hälfte herabgesunken und werden in einigen Jahren ganz aufhören. Obgleich nach den Rechnungs-Ausweisen dem Seminar recht erfreuliche Legate und Geschenke, besonders von Hochwürdigen Herren zugekommen sind, und hoffentlich auch in Zukunft zukommen werden, so sind doch ganz unentgeltliche Aufnahmen für das Institut fast unmöglich. Es wolle daher dahin gewirkt werden, daß auch für ganz arme aber hoffnungsvolle Knaben doch einiger Beitrag durch Wohlthäter aufgebracht werde. Sollte selbst das nicht möglich sein, so wird das Seminar wie bisher, so lange es ihm möglich ist, auch solche nicht zurückweisen. Doch müssen diese, wenn sie behalten werden sollen, sich besonders gut bewähren. Die hochwürdigen Seelsorger wollen die oberhirtliche Anordnung (Verordnungsblatt V. Bd. S. 23.) besonders jetzt eifrig durchzuführen und überhaupt auch das materielle Wohl des Institutes möglichst zu fördern fortfahren, damit es dadurch auch armen Knaben behilflich bleiben kann.

Die Herren Seelsorger wollen, wenn sich geeignete Knaben gefunden haben, diese bei der Vorstehung des Borromäum mit Angabe der erforderlichen Daten nur brieflich vorläufig anmelden, um etwa wünschenswerthe Aufschlüsse geben zu können. Die eigentliche Eingabe, wenn eine solche noch nothwendig sein sollte, kann bis Ende Juni entweder bei der Instituts-Vorstehung oder bei dieser geistlichen Stelle eingebracht werden.

Das Verzeichniß der Gaben gibt wieder Aufschluß über die Geschenke an das Borromäum vom Jahre 1874.

Zum Schlusse erstattet das Borromäum wieder den herzlichsten Dank allen seinen alten und neuen Wohlthätern, namentlich unserm Allergnädigsten Kaiser und Landesvater Franz Joseph und Allerhöchst seinen Durchlauchtigsten Brüdern, den Herren Erzherzogen Carl Ludwig und Ludwig Victor; Ihren kaiserlichen Hoheiten dem Durchlauchtigsten Herrscherpaare von Toscana; einem unbekannt bleiben wollenden Wohlthäter für das Jahresgeschenk von 400 fl.; seinem hohen unvergeßlichen Stifter Sr. Eminenz dem Hochwürdigsten Herrn Cardinal-Fürst-Erzbischofe Friedrich, Fürsten zu Schwarzenberg; seinem theuersten Oberhirten Sr. Eminenz dem Hochwürdigsten Herrn Cardinal-Fürst-Erzbischof Maximilian Joseph, für dessen Wiedergenesung und lange Erhaltung das Seminar täglich dreimal, Morgens, Abends und bei der hl. Messe eifrig betete; dem Hochwürdigsten Herrn Prälaten von St. Peter Dr. Albert Eder für seine fortdauernden großen Opfer für Lehramts-Candidaten; dem Hochwürdigen Diöcesan-Clerus und den Gemeinden für ihre Jahresgaben und allen besonderen Wohlthätern. Gott lohne es allen reichlich und besonders auch dadurch, daß der Herr das Borromäum segnen und aus ihm viele würdige Priester hervorgehen lasse.

Das wird, wie wir hoffen dürfen, durch allseitiges Zusammenwirken, viribus unitis, wie bisher geschehen.

„Allen Gutthätern und Beitragleistenden ist und bleibt der Dank der Diöcese und die Theilnahme an allen den geistlichen Gütern gesichert, die darangeknüpft sind, und in dem täglich **gemeinschaftlichen Gebete der Zöglinge**, in der fortwährend denselben zugewendeten **Wochenmesse des Oberhirten**, einer **Monatmesse des Seminars** und in dem für jedes Jahr von dem hl. Vater Papst Pius IX. denselben gewährten vollkommenen Ablasse bestehen."

"Groß und wichtig ist die Aufgabe; den vereinten Kräften und redlichen Bemühungen wird der Herr seinen Segen nicht versagen, auf daß unser Seminarium Borromaeum stets eine Pflanzschule für eine hinreichende Zahl religiös-gesitteter und wohlunterrichteter Priesterthums-Candidaten sein und bleiben könne." (Schlußworte des oberhirtlichen Erlasses vom Jahre 1872.)

Noten-Scala.

Sitten, Ordnung und Form.		Fleiss.		Fortgang.	
1. Musterhaft	Em.	1. Ausdauernd	Em.	1. Ausgezeichnet —	Em.
2. Lobenswerth	em.	2. Befriedigend	em.	2. Vorzüglich	em.
3. Entsprechend	acc.	3. Hinreichend	acc.	3. Lobenswerth	Acc.
4. minder entspr.	1.	4. Ungleichmäßig	1.	4. Befriedigend —	acc.
5. nicht entsprechend	2.	5. Gering	2.	5. Genügend —	1.
				6. Nicht genügend	2.
				7. Ganz ungenügd.	3.

Ein Zeugniß auch mit nur Einem nicht genügend ist ein Zeugniß der zweiten Klasse. Nur eine bewilligte und mit genügendem Erfolge abgelegte Nachprüfung nach den Ferien befähiget zum Aufsteigen in die nächst höhere Klasse.

Ein Zeugniß auch mit nur Einem genügend ist ein Zeugniß der ersten Klasse. Wenn die Noten, unter denen aber kein genügend sein darf, auf Nr. 3 lobenswerth, sich reduciren lassen, so geben sie ein Zeugniß der ersten Klasse mit Vorzug em.; wenn auf Nr. 2 vorzüglich, so ist der Inhaber des Zeugnisses zugleich preiswürdig Em.

Zöglinge in Innsbruck.

Num. curr.	Namen der Schüler, Geburtsort und Vaterland.
1	Buchner Peter von Kaprun, Salzburg.
2	Herzog Josef von Saalfelden, Salzburg.
3	Landerer Johann von Zell am See, Salzburg.
4	Mitteregger Peter von Tarenbach, Salzburg.
5	Schmidbauer Heinrich von Strobl, do.
6	Würfl Josef von Anthering, Salzburg.

VII. Klasse mit 8 Schülern
am k. k. Gymnasium zu Salzburg.

7	Fischbacher Anton von Hof, Salzburg.
8	Fuchs Josef von Seekirchen, do.
9	Hartmann Andrä von Lofer, do.
10	Klaushofer Franz von Faistenau, Salzburg.
11	Lang Raimund von Kitzbühel, Tirol.
12	Ritsch Rupert von Dorfwerfen, Salzburg.
13	Prechtl Johann von Mayrhofen, Tirol.
14	Vogl Sylvester von Anif, Salzburg.

VI. Klasse mit 8 Schülern.

Num. curr.	Namen der Schüler, Geburtsort und Vaterland.	Allgemeine Fortgangs-Klasse.	Allg. Fortg.-Platz.
15	Fercher Theodor von Kirchenthal, Salzburg	I.	7
16	Fuchs Ignaz von Kelchsau, Tirol	I.	2
17	Gschwandtner Joh. von Dorfbeuern, Salzburg.	I.	4
18	Kostenzer Franz von Reit b. Kitzbühel, Tirol.	I. m. V.	1
19	Mayer Georg von Langkampfen, Tirol	I.	3
20	Schoosböck Anton von Braunau, Oesterreich.	I.	8
21	Wagner Eduard von Kirchdorf, Tirol	I.	6
22	Ziegler Anton von Dorfbeuern, Salzburg.	I.	5

V. Klasse mit 14 Schülern.

Num. curr.	Namen der Schüler, Geburtsort und Vaterland.	Allgemeine Fortgangs-Klasse.	Allg. Fortg.-Platz.
23	Aufschnaiter Carl von Kitzbühel, Tirol	I. m. V.	3
24	Feichtinger Johann von Embach, Salzburg	II.	13
25	Größlhuber Matth. von Dorfbeuern, do.	I.	10
26	Gruber Johann von Muhr, do.	I. m. V.	2
27	Kaltenbauier Alois von Straß, Tirol	I.	5
28	Landegger Mich. von Reit b. Kitzbühel, Tirol	I.	4
29	Leitner Mathias von Hof, Salzburg	II.	14
30	Noël Johann von Mittersill, do.	I.	8
31	Pletzer Johann von do. do.	—	11
32	Rieder Ignaz von Großarl, do.	I. m. V.	1
33	Ronacher Thom. v. Mittersill, do.	II.	12
34	Schuster Josef v. Saalfelden, do.	I.	6
35	Thurner Joh. von Filzmoos, do.	I.	9
36	Wegscheider Franz X. v. Zell a. Ziller, Tirol.	I.	7

IV. Klasse mit 12 Schülern.

37	Buchauer Christian von Niederndorf, Tirol	I.	9
38	Kittl Georg von Bergheim, Salzburg	I.	8
39	Kraßnigg Josef von Kitzbühel, Tirol	I.	5
40	Maugst Josef von Erl, Tirol	I.	9
41	Oberlader Johann von Leogang, Salzburg	—	12
42	Rieser Anton von Westendorf, Tirol	I. m. V.	1
43	Schmiderer Gaud. v. St. Martin b. Lofer, Salzb.	I.	6
44	Schrafft Franz von Rattenberg, Tirol	I. m. V.	2
45	Schweinöster Gg. v. St. Martin b. Lofer, Salzb.	I.	4
46	Schweinsteger Andreas von Erl, Tirol	I.	10
47	Steinmaßl Peter von Oberndorf, Salzburg	I. m. V.	3
48	v. Straßer Josef von Stum, Tirol	I.	7

III. Klasse mit 13 Schülern.

Num. curr.	Namen der Schüler, Geburtsort und Vaterland.	Allgemeine Fortgangs= Klasse.	Allg. Fortg.= Platz.
49	Aigner Johann von St. Veit, Salzburg	I. m. V.	2
50	Frauenlob Franz v. Elixhausen, do.	—	13
51	Gattermair Albin von Stadt do.	I. m. V.	6
52	Hutter Josef von Mitterfill, do.	I. m. V.	8
53	Klaus Josef von Golling, do.	I.	9
54	Leitner Franz von Grödig, do.	I. m. V.	7
55	Lindner Peter von Obertrum, do.	I. m. V.	4
56	Mayr Matthäus von Jochberg, Tirol	I.	10
57	Radauer Josef von Faistenau, Salzburg	I.	11
58	Reichl Vincenz von Thalgau, do.	I. m. V.	3
59	Schindler Joh. Georg von Grödig, Salzburg	I. m. V.	5
60	Straubinger Rudolf von Alm, do.	I. m. V.	1
61	Windhofer Josef von Kuchl, do.	I.	12

II. Klasse mit 20 Schülern.

62	Altenberger Georg von Mitterfill, Salzburg	II.	17
63	Böckl Martin von Thalgau, do.	I. m. V.	1
64	Daxenbichler Georg von Erl, Tirol	I.	9
65	Gebertshammer Mart. v. St. Georgen, Salzb.	I.	10
66	Göschl Franz von Wagrain, Salzburg	I.	11
67	Grander Rupert von Aurach, Tirol	I.	7
68	Gruber Josef von Langkampfen, Tirol	I. m. V.	4
69	Hacker Josef von Innsbruck, do.	I.	15
70	Haidacher Alois von Angath, do.	I. m. V.	2
71	Hetzenauer Andrä von Zell bei Kufstein, Tirol	I. m. V.	6
72	Hetzenauer Josef von Muhr, Salzburg	I.	14
73	Hofmann Michael von Kundl, Tirol	I.	8
74	Hotter Johann von Stum, do.	I. m. V.	5
75	Laimböck Johann von St. Ulrich, Tirol	II.	18
76	Pölzl Mathias von Forstau, Salzburg	II.	19
77	Schleindl Johann von Dorfbeuern, Salzburg	I.	13
78	Warstätter Josef von Kitzbühel, Tirol	I.	12
79	Wendlinger Johann von Eugendorf, Salzburg	I.	16
80	Wildauer Alois von Hart, Tirol	III	20
81	Zehrer Wilhelm von Golling, Salzburg	I. m. V.	3

I. Klasse mit 27 Schülern.

Num. curr.	Namen der Schüler, Geburtsort und Vaterland.	Allgemeine Fortgangs-Klasse.	Allg. Fortg.-Platz.
82	Abfalter Melchior von Kitzbühel, Tirol	I. m. V.	1
83	Berger Martin von Gnigl, Salzburg	I. m. V.	4
84	Bergstätter Andrä von Feldkirch, Oesterreich	I.	15
85	Ebner Mathias von Fuschl, Salzburg	I.	21
86	Feyerfinger Balthasar von Ellmau, Tirol	I. m. V.	5
87	Hartmann Johann von Saalfelden, Salzburg	I.	23
88	Haslauer Anton von Gnigl, Salzburg	I. m. V.	8
89	Hinterstoißer Fr. von Wagrain, do.	I.	11
90	Höller Georg v. St. Johann, do.	I.	13
91	Hutegger Anton v. Mariapfarr do.	I. m. V.	7
92	Kreuzsaler Jakob von Hüttau, do.	I.	9
93	Kreuzsaler Martin do. do.	I. m. V.	3
94	Krimbacher Alois von Kitzbühel, Tirol	I.	12
95	Lainer Franz von Anthering, Salzburg	I.	10
96	Markl Josef von Kitzbühel, Tirol	I.	22
97	Mitterer Josef do. do.	I. m. V.	2
98	Pfisterer Balthasar von Hallein, Salzburg	I. m. V.	6
99	Plainer Johann von Stadt do.	I.	18
100	Reichholf Fr. von Niedernsill, do.	I.	16
101	Schaidinger Barth. v. St. Johann do.	I.	19
102	Scharler Alex. von do. do.	II.	27
103	Schartner Joh. von do. do.	II.	26
104	Scherer Josef von Itter, Tirol	I.	14
105	Schwaiger Josef von Gastein, Salzburg	I.	24
106	Thurner Johann von St. Johann, Salzburg	I.	20
107	Walter Leopold von Wien, Oesterreich	—	25
108	Waltl Johann von Abtenau, Salzburg	I.	17
	Im **Vorunterricht** waren hier:		
109	Dinzenhofer Benno von Au, Baiern	—	—
110	Sachs Georg von Feldkirch, Oesterreich	—	—